体教融合下大学生体育教学研究

张 娅 齐海杰 著

吉林出版集团股份有限公司

全国百佳图书出版单位

图书在版编目（CIP）数据

体教融合下大学生体育教学研究 / 张娅，齐海杰著
. -- 长春：吉林出版集团股份有限公司，2022.9
ISBN 978 - 7 - 5731 - 2239 - 1

Ⅰ.①体… Ⅱ.①张… ②齐… Ⅲ.①体育教学 – 教学研究 – 高等学校 Ⅳ.①G807.4

中国版本图书馆 CIP 数据核字（2022）第 173230 号

体教融合下大学生体育教学研究
TIJIAORONGHE XIA DAXUESHENG TIYU JIAOXUE YANJIU

著　　者	张　娅　齐海杰
出 版 人	吴　强
责任编辑	蔡宏浩
装帧设计	万典文化

出　　版	吉林出版集团股份有限公司
发　　行	吉林音像出版社有限责任公司
地　　址	吉林省长春市南关区福祉大路 5788 号　邮编：130118
印　　刷	三河市嵩川印刷有限公司
电　　话	0431 - 81629667

开　　本	787 mm×1092 mm　1 / 16
印　　张	8.75
字　　数	202 千字
版　　次	2022 年 9 月第 1 版
印　　次	2022 年 9 月第 1 次印刷

书　　号	978 - 7 - 5731 - 2239 - 1
定　　价	55.00 元

PREFACE

　　当前，在"健康第一""全民健身""终身体育"思想的指导下，人们对健康和体育锻炼的重视程度越来越高，因此，通过体育锻炼来改善健康状况就成为当前研究的重要课题。大学生是社会的一个特殊群体，其健康状况对其学习以及今后参与社会工作都会产生非常重要的影响，体育锻炼在促进他们全面发展方面有着不可低估的作用，保持健康的体魄是现代大学生追求的重要生活目标。在校大学生通过体育课对他们培养与实施科学健身，不仅对提高体质具有重大而深远的意义，而且也是他们养成健康生活方式的重要途径。

　　本书从体教融合、体育概述入手，介绍了体育锻炼对身心健康的重要作用，同时探讨了建立科学体育观、体育运动学科激励理论、体育与社会诸要素的相互关系、体教融合视域下高校体育教学改革路径研究等体育基础理论。体育锻炼不仅可以强健身体还可以促进心理健康，因此本书也阐述了体育运动心理学的运动心理和动机、运动的心理调节与心理健康测量以及体育运动与常见疾病预防、运动损伤的预防、急救与康复教育、体育运动与大学生青春期卫生等内容。重点研究了大学生的生活方式、饮食营养、体育生活方式、人际交往与健康的关系以及大学生体质健康教育的基本理念、影响因素、模式构建与体教融合下大学生体质健康发展保障机制的构建。深入探究大学生体育锻炼促健康的科学理论基础、基本原则与方法、注意事项以及大学生健康运动处方的制定原则、步骤、实施、监控等。最后讨论了塑身、体能、有氧健身等锻炼的理念、指导原则、正确身姿的标准，应在科学指导下有计划有系统地进行锻炼，同时不同群体的锻炼内容、方法也不同，应结合自身条件选择合适的锻炼项目并进行适度的、长期的锻炼。

　　在本书的策划和编写过程中参考和借鉴了众多前辈的研究经验，得到了有关领导、同事、朋友的帮助支持，我们表示真诚的谢意！因时间较紧，本人水平有限，书中难免有不妥之处，敬请各位专家、同行和广大读者多加批评和指正，以便我们进行修订和完善。

编　者

CONTENTS

目　录

第一章 体育与健康概述

第一节 体教融合概述

一、体教融合的概念

"体教融合"，就是竞技体育后备人才的培养体系融入教育培养体系当中，将竞技体育作为教育的一种手段，以促进运动员的全面发展。其根本意义在于，改变体育部门和教育部门的封闭状态，将体育和教育事业放在一定区域的经济和社会发展大背景中，对教育内容和教育方式进行根本性的改革。

我们这里所指的竞技体育后备培养融入教育体系并不是指教育吞并体育，也不是单纯的体育不脱离教育的大环境。首先要搞清楚的一点是，体教融合之中体育与教育部门的价值取向何在？

对于体育部门来说，体教融合是探索竞技体育后备人才，科学培养全面发展的新路径；而对于教育部门来说，体教融合是充实学校体育，全面提高大学生身体素质的基石。这一制度要求体育与教育两部门在工作中切实改革部门封闭的状态，在如何全面培养高水平竞技体育人才和完善健全学校体育形态两方面达成共识，互利双赢。

体教融合将一改之前体教结合中以体育部门为主导的状态，以体、教两部门为主导，解决两部门之间出现的导向不一致的问题，促使两部门向着培养全面发展的竞技体育后备人才和提高大学生体质的统一目标发展。并且以政府为领导，进行统筹管理，进行"顶层设计"，改变两部门之前存在的系统壁垒，使得体育部门和教育部门的工作能够真正融合，实现竞技体育和学校体育事业的可持续发展。

二、体教融合的内涵

体教融合是建立在体教结合的制度弊端暴露，不能很好培养竞技体育后备人才的基础上提出的。其思想基础是"以人为本"的人本思想，要注重人的全面发展。因此，对体教融合的理解应当建立在"竞技体育是教育的一部分，竞技体育是教育人的一种手段"的基础上，致力于体育系统与教育系统的相互融入与发展。

"结合"是改良，"融合"是改革；"结合"是工具理性，"融合"是价值理性。应当以教育部门为主导，以法律形式明确大学生首先是"学生"，其次才是"运动员"，鼓励学校主办以"学生——运动员"为主体的高水平运动队，培养全面发展的竞技体育人才。这就要求我们要充分认识到竞技体育在教育中的特殊地位和教育对培养合格竞技体育人才的重要作用，克服人为设置的体制和机制障碍，把运动训练和竞赛融入学校，大力发展以夺标育人为目的、以教育为保障、以运动训练和竞赛为主要手段的学校竞技体育，真正做到教育和体育两条龙并拢、一条龙腾飞。

体教融合的内涵可以从多个角度来阐述。首先，体教融合是实施素质教育的重要途径，素质教育被阐述为：全面贯彻党的教育方针，以提高国民素质为根本宗旨，以培养学生的社会责任感、创新精神和实践能力为重点，造就具有国际视野，德智体美全面发展的社会主义合格公民。体育是教育的重要组成部分，体教融合将促进学校体育的深入发展，促进学生的全面发展，促进学校生成良好的体育氛围，以及推进素质教育的全面实施。

其次，体教融合是培养高素质竞技体育后备人才的科学道路。目前，我国强调的科学发展观正是要求教育培养出全面发展的人，体育作为教育的一部分，在培养人的全面发展方面有着不可替代的作用。体教融合可以促使体育部门和教育部门各自相对有限的资源得到高效整合利用，发挥出最大价值。并且随着社会的不断发展，我国的市场经济体制得到不断完善。竞技体育要想保证其可持续发展就必须改变原有的制度，探索后备人才培养新途径。体育事业的发展离不开教育事业的大环境，体教融合一方面有利于发掘有潜力的竞技体育后备人才，另一方面又可以使得竞技体育后备人才在学校教育的大背景下得到全面发展，成就"体教"双赢的局面。

体教融合不是两者的简单调和，也不是教育的价值取向与竞技体育价值取向的简单相加，而是它们在高层次上的融合。这种融合是全方位的，是教育思想、教育价值观与功能观、教育制度和课程编制等方面的根本改变。它是以人的全面发展为最高目标，并以科学的发展作为基础和实现目标的手段。

在体教融合之中，平等这一观念同样重要且不可或缺。在高校之中对运动员单独开班教学，或者对运动员大学生采取直接减免学分或者降低分数要求都不能真正地解决"学训矛盾"问题，反而会使之愈演愈烈。

体教融合是基于体育与教育差异性的客观基础上，求同存异的差异共存方式的理性探索。在体教融合的进程中，差异性与冲突必然要求我们寻求体育与教育中的共同话语，平等、差异和多元化应当成为"融合"的核心价值观念。这就意味着我们需要减少此前体教结合中出现的各种"分离与排斥"的现状。因此，体教融合必须改变现有的教育和服务体系，重建学校系统、重组资源、改善教学策略以适应大学生运动员的学习需要和价值倾向。

体教融合将在微观层面上保障运动员的受教育权利，坚持"以人为本"使其成为全面发展的人；在中观层面上，解决竞技体育人才培养脱离学校教育大环境的现状；在宏观层面上，体育部门和教育部门以共同的目标为导向，实行两部门之间的融合，解决体育部门与教育部门的分离。

三、体教融合的特征

（一）培养目标的长远性

早些年我国对于竞技体育人才的培养，过于强调其体育竞技才能，而忽视了体育特长生的文化素质教育培养，由此产生了体育与教育部门职能分离的现象。从个人来讲，体育苗子过早脱离教育部门，没有系统地完成应有的文化教育，使得他们在退役后可安置的岗位有限，造成后续发展困难。就集体而言，学校的体育功能并没有得到充分的发挥，教育部门也把培养竞技体育人才这一重任，完全推卸给了体育部门。为了解决以上问题，体教结合应运而生。然而，体教结合只是中国竞技体育发展和教育体制完善这一伟大进程中的某一特定阶段，而非长远适用于我国国情，具有阶段性。从时、效两方面，体教结合存在于分离问题尚未解决之时，效果以两部门结合情况来评判。具体标准我们可以比较体育部门与教育部门双方投入是否产生了大于 2 的效益，若 1 + 1 > 2 表明体教结合产生了一定效果，否则，我们仍须继续完善改进。所以我们可以认为，体教结合的根本意义在于，把体育部门和教育部门结合起来，共同培养全面发展、优质的竞技体育人才。

在市场经济持续发展的经济环境中，竞技体育人才的培养也是教育部门的职责所在，体育、教育二者相互融合，密不可分。体教融合不仅仅局限于当下学校在体育方面的名誉和成绩，更是站在更高的一个层次，追求为我国储备后备竞技体育人才，培养优质运动员的长远目标。同时，又有助于我国学生德智体全面发展，丰富校园文化，提高全民素质。

（二）培养主体的唯一性

体教结合的培养主体为体育系统和教育系统，二者共同采取行动，发挥作用。但是双主体的模式本身存在弊端，由于两个主体在培养竞技体育人才上的目标和利益可能会存在矛盾，二者在培养的方法途径上也不可能完全一致。同时，体育系统和教育系统的下属部门各自的具体情况不尽相同，他们会自主选择有助于本单位发展利益的方式进行体教结合。所以各地体教结合的模式多种多样，具有差异性。

体教融合的培养主体具有唯一性，即教育系统相融合，指将竞技体育后备人才的培养与教育体系相融合，将体育系统的资源与教育系统相融合，主体均为教育系统。如此有利于激发教育系统的积极性，集中力量发展我国体育教育事业，体育系统在运动员选拔培养、教练员指导上也能够借助教育系统的优势。除此之外，体教融合有助于我国各职能系统分工细化明确，提高资源配置的有效性和合理性。

（三）培养对象的业余性

体教融合的培养对象具有业余性。其培养对象不只是体育特长生，在此之前面向的更是全体在校学生。一方面，可以使学生在校接受科学文化教育的同时，加强体育锻炼，全面发展；另一方面，有助于体育系统培养竞技体育后备人才，扩大运动员的选拔范围，进而推动我国竞技体育事业持续发展，也减少了有潜质的体育人才被埋没。

（四）培养过程的科学性

体教融合后，教育系统担负了培养竞技体育后备人才的重任，吸纳了体育系统的部分资源。其中，体育系统的专业科研资源和优质教练员的人力资源，大大提高了教育系统培养运动员的质量和效率。教练员及相关配套保障人员的专业水平在很大程度上决定了运动员培养过程的科学与否。我国大多数运动项目的运动员基础水平薄弱，从而限制了其向更高层次发展，这与基础训练阶段缺乏高水平教练员的指导和科学的训练方法密切相关。高水平教练员不仅具有从事高水平运动的经历，而且具有专项理论知识，加上有学校科研力量的支持，能够科学地指导后备人才在基础阶段的训练，对于运动员以后运动水平的提高和运动生涯的后继发展有很大帮助。

四、体教融合的意义

（一）保障运动员受教育权利，培养全面发展的运动员

体教分离下的专业运动员的学习与生活脱离教育系统，学生没有学习环境，难于把精力投入到文化学习上；竞技体育队伍忽视思想道德素养教育，造成大部分运动员片面发展，无形之中被剥夺了接受教育的权利。在纯运动员的群体中既得不到完整的文化教育，又容易养成唯运动成绩至上、自高自大、不注重自身文化修养的习性，致使社会对运动员"头脑简单、四肢发达"的看法长久难以改变，单线条的运动员退役后其个人发展难以适应现代社会发展的需要，其生存能力受到极大挑战。

体教融合将针对运动员难于全面发展的弊端，保障了运动员受教育的权利得以实现，让他们能够更好地学习和成长，把他们培养成体育、文化全面发展，能独自面对社会竞争，承担自身责任的高素质优质人才。

（二）吸纳有潜质的大学生成为体育后备人才

体教分离所形成的专业队建制，大大限制了我国竞技体育后备人才队伍的建设和扩大，造成后备人才资源短缺，不利于我国竞技体育的长远战略目标。诚然，体教结合的推行在一定程度上能够改善此状况，但是一日不解决其根本性的体制问题，以上问题就一日不能彻底解决。而体教融合在体育人才的培养上，从制度层面加以完善，不只注重竞技体育专业队伍的建设，还注重吸引更多具有潜质的大学生从事业余训练，为我国竞技体育培养后备人才，有助于持续发展。

在体教融合的体制下，学校要承担起发现和培养竞技体育后备人才的重任，在后备人才在校期间，既要对其科学文化素质加以培养，又要注重其业余训练，将两方面的教育相融合。从我国的人口现状可知，我国人口众多，人力资源充裕，大学生更是队伍庞大，体教融合可以极大程度发挥我国人口优势，挖掘大学生这一重要群体的巨大潜力，有助于挖掘新生体育人才，扩充我国竞技体育后备人才队伍，并能够加强我国大学生的体育锻炼，提高国民身体素质。

五、构建体教融合运行机制

（一）运行动力机制

社会、集体或系统的稳定有序运行离不开充足的动力。系统运行规律明确指出，维系系统长久发展，有序运行的前提之一，是确保适度的动力。具体分析体教融合系统的动力机制，可细分为由小到大的三个层次：以运动员、教练员为代表的人体层次；一般指向学校的群体层次；以及国家和社会为代表的社会层次。每个层次中主体的需要都是推动体教融合运行的动力。

个体层次的需要一般表现为获得在校受教育机会、提高运动成绩，提高教学训练成绩，满足竞技需求，个人荣誉等。群体层次的需要一般表现为提高学校名望，完成办学目标，获得经济支持等。社会层次的需要一般表现为完成国家教育目标，提高国家教育系统竞技体育水平，为国家体育事业发展奠定基础。

完善的系统需要适度的运行动力。动力不足可能会使各利益主体缺乏积极性，动力过大又会导致系统秩序被破坏，引发混乱状态；只有适度的运行动力才能既满足利益主体的需求，又维系着有序稳定的社会、体育环境。因此，在实际操作中，我们要控制管理各动力主体效用的实现，保证国家、集体、个体三个主体各自的效用协调发挥，使整体效用大于各部分的简单加总，而非相互背离。

首先，国家的功能定位需要转化，形成从管理到服务的转变，充分发挥国家权力主体能力，监管的整体决策，使学校培养竞技体育后备人才的积极性和潜能得到充分发挥。其次，各学校作为中间机构，起到承上启下的作用，有传达学生运动员需求、增强集体凝聚力、同心同力达成组织目标的职能，协调好并同时保障个人利益和集体利益。同时，在校运动员也要更加积极、主动地参与进来，以自我的全面发展为目的，积极完成训练，追求自身价值的实现，而不是仅仅发挥对国家、集体的贡献作用。

（二）整合协调机制

任何系统运行时，问题和矛盾的出现都不可避免，并且由于内外环境的变化，内外各主体之间利益也会有所冲突，影响系统运行，各种不同的利益和资源就是整合协调机制的整合对象。

在实际中比较常见的例子就是，在校运动员一方面要耗费较多的时间和精力进行体育训练、参加比赛，争取好的成绩；另一方面作为学生，有着学习文化知识、参与考试的重任。这二者必然会相互影响，产生矛盾。这正是在开展体教结合的过程中，学校方面普遍面临的情况，又影响重大，是急需解决的问题。所以，我们在应对这一问题，消除运动员训练障碍时，必须通过整合协调机制，整合教学计划、课程设置、师资力量等教学资源，协调学校各部门人员，形成一套有助于高水平运动员持续发展的制度。

具体做法：一是要树立科学发展观，坚持以人为本，培养全面、可持续发展的竞技体育人才。提高学校在竞技体育事业建设中的地位，以在校培养竞技体育后备人才为整合中心，追求我国竞技体育水平的上升和社会主义人才的全面发展。二是要整合个人、集体、国家各主体的利益。在不违背国家和集体利益的前提下，实现个人利益，且保持个人利益与国家、集体利益相一致，个人利益与国家、集体利益相互促进。三是要开展文化整合。发挥学校、社会媒体等的引导作用，弘扬正确价值观，使集体、个体的目标与社会、国家的相一致。

（三）系统控制机制

通过各种社会因素，调动社会力量，运用各种方式，促使社会群体与社会个体有效地遵从社会规范，维持社会秩序，实现社会运行目标目的这一过程与原理就是社会控制机制这个概念。

首先明确被控制的对象有哪些被控变量，才能建立一个控制系统。在明确被控对象前提下，通过各种控制手段，强化各项控制环节来促进控制机制的形成和发生效用，是建立系统控制机制并顺利运行的重要基础。控制手段是否可行、严密和完备显得尤为重要。

通过控制手段，促使培养群体和培养个体能有效地遵从"体教融合"规范，实现"体教融合"运行目标，达到维持"体教融合"秩序的过程就是"体教融合"的运行控制机制。

通常采用制度控制、组织控制、人文控制和目标控制等方法达到控制手段。建立保障"体教融合"系统正常运行秩序的各种规章制度体系，来规范整个系统内成员的活动是制度控制的关键点。

通过组织控制手段提高"体教融合"系统运行效率，建立"体教融合"下的高水平运动队组织领导，教练员职能分配、运动员的日常生活管理、学籍管理、运动训练管理和文化课程管理等一整套管理体系，是组织控制的主要内容。

首先确立"体教融合"的总目标，在整个系统运行过程中不断参照总目标，对各具体环节加以评定，找出差距和问题，随时实施调控反馈的信息，努力使结果不断靠近总目标。科学合理地制定各个具体环节的工作方案和发展子目标，随时检验和评价系统内各环节的运行情况，注意那些影响完成总目标所具备的要求因素，如训练条件、科研力量、后勤保障等。采用这一控制手段的优点在于可以在总目标的宏观调控之下，发现问题并及时解决，避免走弯路是目标控制过程中必须注意的问题。

树立以人为本的观念，目的是为了激发和调动系统内所有人员的积极性和创造性，不断加强文化建设，把尊重人、关心人、激励人放在首要地位。通过思想政治教育、民族文化精神传播和价值观念的影响，重视精神、价值观和政治思想在系统运行中的巨大作用，提高运动员的思想作风、能力修养等自身素质，使之自觉地为实现"体教融合"系统运行总目标奋斗，这是人文控制的核心所在。

（四）运行保障机制

物质、能量、信息与系统运行应是完整的整体，密不可分。为系统的正常运行提供各种资源和条件（人、财、物、信息）的必要保证是"体教融合"运行保障机制的先决条件。

实现大学生运动员走向世界体育竞技赛场的目标，仅靠学校投入是远远不够的。如果学校形成社会资金参与融合，通过多渠道投资体系进一步扩大高校体育产业经营，充足的资金保障可为高校高水平运动队竞赛、训练、科研和后备人才培养提供强有力的支撑。

在高校高水平运动队训练中，缺乏人才和怎样提高已有人才素质是突出问题。虽然高校是人才集中的地方，但我们应清醒地认识到客观问题存在：一流运动员读完高中阶段后进不了高校，大部分高校普遍存在着缺少高水平的教练员、缺少科研人员为高水平运动队服务的问题。高校应逐步解决吸引高水平的教练员、招收高水平的运动员、重视科研人员与训练项目配套的主要问题。不断提高人才素质，畅通人才流通渠道、充分吸引和利用社会各方面的竞技体育人才资源是实现"体教融合"的客观要求。

在硬件设施保障上，诸多高校高水平运动队众多，场地设施难以保证，这就要求各个学校整合资源，科学布局训练场地，有效规划学校硬件设施，调整各运动队训练时间以适应现有硬件环境，并持续积极发展硬件设施使之与运动队规模相适应，形成长远发展。

组建高科技的科研后勤服务团队，为高校体育训练服务，保证运动员的伤病治疗，疲劳恢复以及营养、膳食的调配和供应，充分发挥高校科研优势。

（五）动机激励机制

积极性是通过满足各种合理需要激发调动起来的，马斯洛的需求层次理论印证了动机激励机制，各种管理都应运用动机激励机制。从体教融合这一系统来看，激励机制激发了培养主体的主动性、积极性与创造才能，使学生运动员形成符合社会主体要求的行为方式和价值观念是引导培养过程中的主要内容。激励机制包含激励标准、激励手段和激励过程三个要素。

第一，应确定合理的激励标准，注意激励标准全面性、公平性和高效性。激励手段灵活性，激励过程长期性，正向激励与反向压力激励相结合等，要坚持以人为本的思想和科学发展观，应摒弃以前以运动成绩，比赛名次为评判标准的做法，制定涵盖面广泛，制度化的激励标准，从思想、文化、综合素质等方面的重新认识，考虑到学生运动员的全面发展。

第二，中间变量指行为人的主观因素，包括愿望、意图、行为目的、计划和过程等，根据新行为主义激励理论，激励手段不仅依靠刺激变量，更应考虑到中间变量的存在，目前的激励机制还不够科学和完善，只是停留在老行为主义激励理论的方式上，往往是根据最终的比赛成绩发放奖金，这种简单的激励手段忽视了中间环节的作用。除金钱这一刺激因素外，应考虑运动员的主观因素的需求：对通过认真训练后成绩大幅提高应奖励，在比赛中成绩优异的运动员更要奖励。但，运动员从不缺课，积极参加训练，同样可以得到奖励。建议采用学分奖励、精神奖励和物质奖励等，尽量使奖励的形式多样化。

第三，从社会心理观念出发，应考虑到群体成员的激励，也要考虑个体激励，重视物质刺激不忽略精神激励。注意激励过程的长期性，正反向支持激励，应经常对教练员、运动员的状态进行动态分析，保持激励过程持续化、阶段化，力求系统总目标与运动员个体需求的满足达到一致化，重视完整的激励过程。

此外，激励机制由上至下应统筹顾及三个层面。第一是学校层面，各级教育部门必须建立起对各个学校的工作评估、资金提供和奖励办法，从组织架构、基础保障、选材与输送、运动成绩等方面评估学校工作，并对优秀的学校进行奖励。第二是教练员、科研人员层面，教育部门和学校都应根据教练员与科研人员的工作情况，进行及时有效的激励，并注重精神激励与物质激励相结合。第三是学生运动员层面，对学生而言应高度肯定他们的成绩，注重精神激励与物质激励相结合的同时，也要注意外部奖励与内部奖励的相协调。

第二节　体育的理论分析

一、体育的概念、组成与功能

（一）体育的概念

目前，广义体育应理解为以身体练习为基本手段，以增强人的体质，促进人的全面发展，丰富社会文化生活和促进精神文明为目的的一种有意识、有组织的社会活动。它是社会总文化的一部分，它的发展受一定的政治、经济制约，也为一定的政治、经济服务。

狭义体育是指通过身体活动增强体质，传授锻炼身体的知识、技能和技术，培养道德和意志品质的有目的、有计划的教育过程。

体育可以视为人的一类身体活动的总称，是人们为了满足和实现自身的健康需要、精神和社会需要以及经济需求而进行的一类主动而有意识的身体运动。体育从最初的人类本能和个体活动逐步被社会化和规模化，发展到今天，已经成为一种以规模化的"人体运动"为核心的普遍社会现象。简单地说，就是研究人的运动和运动中的人。

（二）体育的组成

1. 学校体育

学校体育是体育的重要组成部分，也是学校教育的重要组成部分，主要培养"终身体育"思想。终身体育是指人们一生中所进行的身体锻炼和所受到的各种体育教育的总和，有三种表现形式，即体育课、课余训练和课外体育活动。它是全面提高身体素质，增强体质，传授体育知识、技能，提高运动水平，培养道德修养和意志品质的有目的、有计划、有组织的教育过程，也是全民体育的基础。

2. 体育专业教育

第一，专业体育，是培养各类体育专门人才的一种特殊性的体育教育。这种教育制度的确立是随着近代学校的出现而兴起的，如各级各类体育运动学校、普通高等院校中的体育系科等。

第二，竞技体育，是在全面提高身体素质的基础上，最大限度地挖掘体力、心理、智力与运动才能，以取得优异运动成绩为目的而进行的科学训练和各种竞赛活动。

第三，社会体育，指以健身、娱乐休闲、医疗和康复为目的的体育活动。它是指人们自愿参加的，以强身、健体、娱乐、休闲、社交等为目的的小型多样性社会体育活动。社会体育的范围极广，城乡各个地域、社会各阶层、各种职业和各年龄段人群的体育活动无不囊括其中，比如，目前我国各地兴起的广场舞等。

衡量一个国家体育发展水平的标志：①国民体质和健康状况；②群众体育的普及程度，包括人们对体育的认识、态度，经常参加体育锻炼的人数和时间的多少等；③体育科研的成就和水平；④体育方针、政策、法规、制度、措施的制定和执行情况；⑤各种体育场馆、设施状况和人均水平；⑥体育运动水平和最好成绩等。

（三）体育的功能

体育的功能是指体育对人类自身及社会的作用，它是在体育的生物效应和社会效应上衍生出来的，是动态的。一般来说，体育的功能可分为基本功能和派生功能。基本功能是体育本身固有的功能，任何一种形式的体育都具有教育、健身和娱乐功能。所谓派生功能，是我们利用体育手段所能够达到的某种目的，即通常所说的政治、经济、文化和社会功能。

1. 健身功能

强健身心是体育的本质功能。体育是通过身体直接参与运动，各器官、系统在一定的强度和量的刺激下，发生的身体形态结构、生理机能和生物化学等方面的一系列适应性的反应。这种"适应性反应"对机体产生的积极影响，有利于促进健康和增强体质、防治疾病、提高机体的工作效率。

第一，通过适当的体育运动，可以改善和提高机体中枢神经系统的功能，改善大脑的供血状况，延缓脑细胞的衰老；可以改善和提高心血管系统的功能；可以改善人体呼吸系统的功能，使呼吸肌发达，呼吸深度增加，气体交换率提高，吸氧量增加；还可以促进和改善人体运动系统的功能，促进骨骼关节、肌肉的生长发育和身高、体重的增长。

第二，经常参加体育运动，可以调节人的情趣，锻炼意志，促进心理健康，提高机体对环境变化的适应能力以及机体防病、抗病能力，推迟衰老，延年益寿。

2. 教育功能

体育是教育的组成部分，是造就"全面发展的人"的一个重要手段。德育、智育、体育之间的关系应是相互促进、相互制约的辩证关系。德育是方向，智育是本领，体育是基础或载体。

3. 娱乐功能

目前，人们的生产、生活方式都发生了很大的变化，如何度过余暇时间已成一个社会问题，而体育具有游戏性、大众性、艺术性、惊险性，能满足社会上不同人的各种需求，起到丰富社会文化生活、愉悦人们身心的作用。首先，人们可以通过体育运动获得自信心、自豪感，满足与同伴交往、合作的需要；其次，欣赏体育成为人们度过余暇时间的重要内容，体育运动中时间和空间的和谐、健与美的统一，加上优美的韵律、鲜明的节奏、微妙的配合、激昂的情感、高雅的造型和精美的瞬间，能给人们留下美好的感受，使人赏心悦目，心旷神怡。

4. 文化功能

体育本身就是社会的一种文化现象。体育文化是现代文明的标志，主要从大众媒体的传播、体育服饰、体育竞技、民间体育、体育表演、体育建设等方面反映一个国家的文明程度。体育还是一种高尚的文化生活，它与音乐、舞蹈、艺术、文学有着不解之缘，是人类文明与智慧的结晶。

5. 政治功能

作为一种社会现象，体育具有上层建筑的职能，又具有为生产力服务的作用。体育受政治、经济的制约，又为政治、经济服务。一方面，体育受政治的干预和制约；另一方面，政治渗透于体育之中，体育为政治服务，而且体育在现代政治中发挥着极其重要的作用。它既可以宣传一个国家的社会制度，提高一个民族的国际威望，还可以为振兴经济服务，增强一个国家的民族凝聚力。

三、高等学校体育的目标与任务

（一）高等学校体育的目标

高校体育是高等教育的重要组成部分，它与德育、智育相互配合，共同培养全面发展的合格人才，实现高等教育的目标。高校体育应着眼于提高学生体质和健康水平，树立"健康第一"的指导思想。高校体育的总体目标应是：以育人为宗旨，引导和教育大学生主动、积极地锻炼身体。掌握现代体育科学的基本知识、技能、技术和锻炼身体的方法；提高体育文化素养；加强独立从事体育锻炼的意识；培养"终身体育"的思想，为身体的全面发展打下基础；还要创造条件，提高有发展前途学生的运动水平，为国家培养和输送优秀体育人才。

（二）高等学校体育的任务

根据高等教育的总体目标，高校体育应完成以下任务：

第一，全面锻炼学生的身体，促进其身体形态、结构、生理功能和心理的健康发展，提高身体素质和人体的基本活动能力；提高对自然环境的适应能力和对疾病的抵抗能力，有效地增强体质。

第二，使学生掌握体育的基本理论知识、运动的基本技术和基本技能，学会科学锻炼身体的方法，养成积极参与体育锻炼的意识和习惯，为终身体育打下良好的基础。同时对部分基础较好并有一定专项运动才能的学生进行训练，提高其运动水平，使其成为体育骨干，进而成为国家后备人才。

第三，对学生进行思想品德教育，树立良好的体育作风，陶冶情操，同时增强组织纪律性，培养学生的勇敢、顽强、进取精神和团队精神。

第四，通过体育教学，在全面发展学生身体素质的同时，使其能够更好地为生产劳动服务。

（三）高等学校体育的地位和作用

高等学校体育是学校教育的重要组成部分，又是学校体育与社会体育的连接点，是国民体育的重要基础，对实现"培养健壮体魄，具有现代意识和精神的社会主义合格建设人才"的目标，保证国家可持续发展战略的实施，增强民族体质，都有着十分重要的地位和作用。

1. 高等学校体育的地位

（1）在提高民族体质中的地位

一个民族的体质水平是这个民族进步和发展的重要标志。大学生是一个国家和民族的希望与未来，拥有健康的体魄是他们为祖国和人民服务的前提，是中华民族旺盛生命力的体现。大学生正处于身体生长发育的关键时期，各器官、系统的机能和适应能力均已发展到较高水平，正处于人体生命活动最旺盛的时期。在这一时期，通过体育教育可以提高他们的体力、智力和能力，可以发展体能，增强对环境的适应能力和对疾病的抵抗能力，增强意志，为今后的学习、工作和幸福生活打下良好的基础，对改善民族的体质水平有着极为深远的意义。

（2）在民族文化建设中的地位

随着社会发展和人们物质生活水平的不断提高，人们对文化生活的追求日益迫切。体育作为人类文化的重要组成部分，已成为现代文明生活中不可缺少的重要内容。对于大学生来说，由于身心活动处于飞跃阶段，朝气蓬勃，充满青春活力，敢于创造，富于幻想和喜欢憧憬未来，因而在享受、娱乐、审美和社交等方面都有着强烈的精神追求。大学生从体育教育中不仅可以获得欣赏体育文化的能力，而且从直接参与体育实践的体验中，更能获得调节生活内容、丰富文化生活、享受精神乐趣、保持心态平衡等方面的益处，养成勇敢顽强、敢于竞争、刻苦耐劳、不甘落后的精神，从而促进民族文化、民族精神的进步。

2. 高等学校体育的作用

（1）促进大学生身心健全发展

大学生正处于生长发育的旺盛阶段，在此期间通过形式多样的体育锻炼，能够有效地促进大学生的身体健康，增强对外界环境的适应能力和对疾病的抵抗能力，塑造健美的体态，掌握必要的运动技巧，提高身体素质和基本活动能力。同时，根据大学生自我意识不断增强，个性特征逐渐明显，意志品质的发展不稳定、不平衡，性格尚不成熟等特点，运动中的和谐交往、竞争拼搏和情感跌宕以及耐负荷锻炼等因素，在帮助大学生稳定心理状态、进行自我调节、提高自控能力等方面都起着重要作用。

（2）培养大学生体育能力与习惯，奠定"终身体育"的基础

根据大学生的年龄、生理、心理特点，高等学校体育要结合学生的运动兴趣，有针对

性地培养其独立从事体育锻炼的愿望，树立"学为我用"的观念，保证传授体育知识的渠道畅通无阻，使学生系统地掌握体育基本知识、技能和科学锻炼身体的方法，提高体育文化素养和体育审美能力，培养良好的锻炼习惯，为"终身体育"奠定基础。

（3）推进实现"体育强国"

高等学校体育是学校体育与社会体育的连接点，既是实现全民健身计划的主战场，又是向社会输出体育人才的最后阶段。特别是在国家实施科教兴国战略，大力发展高等教育的今天，将会有更多的青年学生有机会接受高等教育，他们将成为体育活动的积极分子，走向社会后会在更大范围内成为群众性体育活动的骨干，对全民健身计划的实施起到积极的推动作用。此外，高等学校体育还可以凭借良好的教育氛围和优越的教学条件，为有竞技天赋的大学生提高运动水平，为实现奥运争光计划，向国家输送优秀的运动人才发挥积极作用。

（四）现代社会对大学生的体育要求

1. 树立健康第一的思想

大学生首先要转变学校体育的观念，牢牢树立健康第一的思想。主要包括：通过体育学习，掌握必要的健康知识和科学的健身方法，提高对身体和健康的认识水平，促进身心的健康发展，提高自身对各种环境的适应能力，了解与体育密切相关的营养、卫生、安全防范、药物等方面的知识；从增进心理健康的角度出发，主动营造生动、活泼、和谐、友善的学习氛围，提高克服运动障碍和抗挫折的能力以及自然情感调节能力，增强自信心和自尊心；主动提高自身的社会适应能力，提高自我责任感、群体责任感和社会责任感，培养现代大学生体育与健康社会所必需的合作、竞争意识与能力，学会尊重他人和关心他人，并以积极的态度关心家庭和群众的健康。

2. 树立良好的体育意识

体育意识是人们对体育及其重要性的认识，以及由此产生观念的总和。对大学生而言，树立正确的体育意识，首先，应积极、主动地投身于体育锻炼中，在体育锻炼中提高自身的体育意识，发展体育能力，陶冶情操，增强体质，使大学体育阶段成为终身体育的启迪阶段；其次，大学生要积极关注体育，努力探索体育世界的真谛，使体育成为大学学习阶段乃至一生中不可缺少的内容。

3. 塑造强健的体魄

进入 21 世纪，人才的概念发生了根本性的变化，它的基本内涵可概括为：健康＋知识＋能力＋创造＝人才。这充分反映了现代社会对人才素质的综合要求。增强体质，增进健康，努力塑造强健的体魄，挖掘自己的生理潜能和心理潜能，已成为大学体育乃至未来社会的要求。大学生要认真接受体育教育，主动、积极地学习和掌握体育运动的基本知识、技术和技能，努力获得参与运动实践的本领和科学的方法，建立良好的校园体育氛围，提倡健身、健美、健康和积极向上的体育精神，塑造强健的体魄。

4. 提高基本活动能力

大学生进入大学后的体育生活显得更加丰富多彩，体育课、体育俱乐部、课外体育活动等给大学生创造了许多发展的机会。这就要求大学生注重自身的体育基本活动能力的培养，不能只从兴趣爱好出发，而忽视身体素质的全面提高，忽视人类活动的基本技能和能力的培养。

5. 加强体育兴趣、爱好、习惯的培养

培养体育兴趣和爱好，应遵循以下几点：首先，培养兴趣，高等学校体育实际上是学校教育的一项要求，往往与个人未来所从事的职业要求相一致，由于体育兴趣的多样性、个体性，就要根据各自的运动水平努力达到高等学校体育的要求；其次，发展爱好，教育者要通过各种途径，创造一个良好的体育学习氛围，使学生的体育爱好向着健康的方向发展。大学生要主动适应学校的要求，主动、自觉地参与体育锻炼；最后，形成习惯，从某种意义而言，高等学校体育奠定了人生事业和生活发展的基础。

6. 提高参与社会体育实践的能力

提高参与社会体育实践的能力，已经成为当今高等学校体育教育的一项重要任务。具体包括：①明确认识积极参与学校体育和社会体育实践的意义，努力为了解社会创造机会；②努力提高社会体育实践的本领，尽可能地掌握体育实践的技能，掌握社会体育知识，为将来进入社会做好准备；③积极、主动地参与社会体育俱乐部和社区体育活动，提高自身的社会实践能力；④努力提高运动竞技水平，参与体育竞赛活动，既可增加社会体育交往机会，同样也是提高社会体育实践能力的有效途径。

四、大学体育课程的实施方法

（一）大学体育课程的目标

①积极参加各种体育活动，基本形成自觉锻炼身体的习惯、"终身体育"意识，能够编制可行的个人锻炼计划，有一定的体育文化欣赏能力；②熟练掌握两项以上的健身运动基本方法和技能，能科学地进行体育锻炼，提高自己的运动能力，掌握常见运动创伤的处理方法；③能测试和评价自身体质状况，掌握提高身体素质、全面发展体能的知识与方法，能合理选择人体需要的健康食品，形成健康的生活方式，具有健康的体魄；④自己能制定体育学习目标，独立制定适合自身需要的健身运动处方，自觉通过体育活动改善心理状态，克服心理障碍，养成乐观的生活态度，能调节自己的情绪，能体验运动的乐趣和成功的感觉；⑤能表现出良好的体育道德和合作精神，能正确处理竞争与合作的关系。

（二）大学体育课程的任务

①大学体育课程的基本任务是：增强体质、增进健康，提高抗病与适应环境变化的能力，促进身心的全面发展；②牢固树立"健康第一"的指导思想，立足"课内增知，课外强身"的教学原则；③通过情感施教培养学生体育兴趣，突破应试教育给学生带来的压

力，把体育课堂教学向终身体育延伸，建立正确的体育观念，掌握体育的"三基"；④紧密结合高校的特点，突出素质教育与发展个性，以"主、副项制"教学模式为切入点，主项通过两年的精修，达到熟练掌握，副项根据学生特点和场地、器材等具体情况，相应调整，集中一个学期学习一项，达到一定的了解；⑤育心与育体高度统一，结合课程的内容，培养学生爱国主义和集体主义的思想品质。树立良好的体育道德观，具有勇敢、顽强、团结进取的开拓创新精神，弥补独生子女的教育缺陷。

第三节 体育锻炼与身心健康

一、了解体育锻炼对身体健康的作用

（一）体育运动时常见的生理变化

人体在活动或体育锻炼过程中会发生一系列的生理变化，认识这些生理变化的机制将会使锻炼者更好地适应这些生理反应，从而提高人体各器官、系统的机能水平。

人们在进行体育锻炼（运动）时的直接能量来源是肌肉中的一种特殊的高能磷酸化合物——腺苷三磷酸（ATP），它在酶的催化作用下，迅速分解为腺苷二磷酸（ADP）与磷酸，同时释放出能量供肌肉收缩。但是人体的 ATP 含量甚微，只能供极短时间消耗，因此，肌肉要持续运动，就需要及时补充 ATP。体内 ATP 的恢复是糖、脂肪、蛋白质等能量物质通过各种代谢途径来实现的，补充的途径有磷酸肌酸无氧分解、糖的无氧酵解及糖与脂肪的有氧代谢。生理学上称之为运动时的 3 个供能系统。

1. 无氧代谢供能

人体肌肉在进行剧烈运动时，氧供应满足不了人体对氧的需求，肌肉即利用腺苷三磷酸（ATP）和磷酸肌酸的无氧分解来释放能量。这是一个无氧供能系统，即磷酸原供能系统。

另一个无氧供能系统是用肌糖原进行无氧酵解供能，由于在酵解中产生乳酸积累，故也把这个供能系统称为乳酸能供能系统。人体肌肉快速运动持续较长时间（10s 以上）后，磷酸原供能系统已不能及时提供能量供 ATP 的合成，这时就动用肌糖原进行无氧酵解供能。人体乳酸能供能系统的最长供能持续时间约为 33s。

100m 跑，无氧代谢占 98% 以上；200m 跑，无氧代谢占 90%～95%，有氧代谢仅占 5%～10%，因此，短距离跑项目应以提高无氧代谢能力为主。无氧代谢练习中，发展磷酸原供能系统的供能能力最好采用每次 10s 以内的全速跑重复训练，间歇 30s 以上，如果间歇时间短于 30s 会使磷酸原供能系统恢复不足而产生乳酸积累，人体肌肉感觉酸痛。发展乳酸能供能系统的能力最适宜的手段是全速或接近全速跑 30～60s，间歇 2～3min，以使血乳酸达到最高水平，以此来提高人体对高血乳酸的耐受力。

2. 有氧代谢供能

有氧代谢供能是指糖类、脂肪在氧供应充足的条件下，氧化分解成二氧化碳和水，同时释放大量能量供 ATP 再合成的过程。长时间、长距离的运动项目主要是有氧代谢供能，5000m 跑步有氧代谢占 80%，10000m 跑步有氧代谢占 90%，很多球类项目也需要良好的有氧代谢能力。有氧代谢供能与人体的肺活量、血红细胞数量关系密切。

（二）体育锻炼对肌肉的影响

人体在运动中完成的各种各样优美的运动技术动作、日常生活中的各种生活活动技能，都是通过人体肌肉的主动收缩和放松来实现的。

人在进行体育锻炼时，肌肉的收缩和放松活动会促使肌肉中的毛细血管网大量开放，其开放数量比安静时多 20～50 倍，这样肌肉通过毛细血管获得的氧及养料比安静时要多得多，从而促进肌肉的生长。此外，锻炼时可以使神经系统交感神经对肌肉的营养性作用加强，促进肌肉的代谢，因而肌肉就比平时健壮得多。人们通过体育锻炼使肌肉结实健壮，不仅是人体健康的表现、取得优秀成绩的基础，同时也是健美体形的重要条件。身体各部分肌肉的匀称发展，对不良体态的改善与纠正也有积极的作用。

（三）体育锻炼与神经

神经系统是人体各器官活动的指挥者。人体约有 140 亿个神经细胞（人体内工作效率极高的指挥中心）。指挥中心要实现有效而准确的指挥，就必须对外界信息进行了解、分析和综合，因此就有一些专门负责将全身各器官、系统的信息传入和报告中枢神经系统的感觉神经（或称传入神经）。指挥中心对这些信息不断加以分析，作出指挥决定，然后通过指挥各器官活动的运动神经（又称传出神经），向全身各器官、系统发布命令，协调指挥人体活动。

经常参加体育锻炼可使神经细胞在不断的锻炼中提高工作能力，反应更加灵活迅速，指挥更准确协调，工作更能持久而不易疲劳。普通人从感受外界刺激信号（如听到声音）到指挥中心做出反应的时间一般为 0.3s～0.5s，而经常锻炼的运动员只需 0.12s～0.15s，优秀的运动员只需 0.1s 甚至更短。此外，运动时有关肌肉的兴奋收缩，无关肌肉的舒张放松，体现了指挥中心的协调指挥能力。可见，体育锻炼对改善和提高神经系统的功能有良好的作用，经常参加体育锻炼对大学生脑细胞的生长发育有积极的促进作用。

（四）体育锻炼与心肺功能

人的生命活动一刻也离不开氧，而将存在于大气环境中的氧气吸入体内直至运送到各组织、器官，则全靠人体内存在的一条氧的运输线，生理学上称之为氧运输系统。氧运输系统由呼吸系统、血液与心血管系统组成。

生理学家对人体的研究表明，运动可使人体心脏细胞产生良好的适应性变化，心肌细胞产生运动性肥大，使心脏重量增加，心脏容积增大，跳动更强有力。经常参加体育锻炼的人安静时心肌频率较慢，跳动有力。

经常进行体育锻炼还对心血管疾病有良好的预防作用。锻炼可以改善人体内的物质代谢过程，减少脂肪在血管壁的沉积，保持并增进血管壁的良好弹性，对预防心血管疾病有积极作用。

氧气从人体外进入人体内的第一道门户是呼吸系统。经常进行体育锻炼能增强呼吸系统功能，表现之一是肺泡具有更好的弹性。肺泡是组成肺的最小单位，氧气就是在这里进入血液循环，人的肺约含 7.5 亿个肺泡，如果将肺泡一个个摊开，总面积可达 130m^2。但安静时，人体需要的氧不多，并不是全部肺泡都参与工作，只有大约 5% 的肺泡参与工作就可以满足身体对氧的需求。因而肺泡活动不足，而体育锻炼使人体需氧量增加，促使大部分肺泡参与工作，这对肺泡弹性的改善与保持十分有益，既有助于增强体质，又可预防呼吸系统疾病。表现之二是锻炼可使负责呼吸的肌肉（呼吸肌）更加强大，肺的扩张和缩小是靠呼吸肌的收缩和放松使胸廓扩大和缩小来实现的，体育锻炼时呼吸加深、加快，迫使呼吸肌收缩更快、更有力，这对呼吸肌是一种很好的锻炼。呼吸肌的强大，可使呼吸深度加深，使肺吸入气体量更多，肺的储备功能及适应能力更强。氧经过氧运输系统到达各组织、器官，并为其所利用，这一能力称为人体的有氧工作能力。

三、了解体育锻炼对心理健康的作用

（一）体育锻炼对改善大学生心理健康的作用

大学时期学生的心理发展日趋成熟，但在这个阶段随着环境的变化、年级的增高，遇到的问题会逐渐增多，如自我意识、情感、意志、个性等表现还不够稳定，心理活动更加丰富复杂，经常参加体育锻炼有助于改善和增进心理健康。

1. 调节情绪

情绪是人对客观事物是否符合自己需要而产生的态度体验，是心理健康最主要的指标。大学生常因学习的压力、同学之间的竞争、人际关系的复杂以及对未来前程的担心而持续产生紧张、焦虑、压抑和不安等不良情绪。通过体育锻炼则可以转移个体不愉快的意识、情绪和行为，使人从烦恼和痛苦中摆脱出来。

2. 正确树立自我

自我的概念是个体在主观上对自己的身体、思想和情感等的整体评价，它是由自我认识形成的。例如"我是怎样一个人""我主张什么""我爱好什么"等。经常参加体育锻炼可以改变自己的身体表象，如男生强健有力，女生形体健美，达到改善身体表象的作用。就身体表象而言，许多学生都存在着障碍，这是一种普遍现象，而且随着年龄的增长，这种身体表象障碍就更加明显。如男生较多关注自己的身高；女生过多注重体形、体重，适当的体育锻炼可以改善身体状况，从而帮助他们克服心理上的障碍，使其达到身体自尊的目的。

3. 消除疲劳

疲劳是一种综合性症状，与人的生理和心理因素有关，学生在持续紧张的学习压力下，或是在情绪消极、低沉时，生理和心理上都会很快产生疲劳。这种疲劳极易造成神经衰弱，而研究表明经常参加适量的体育锻炼，对消除疲劳、保持良好的情绪状态都有很大的益处。

4. 培养意志品质

意志品质是指人的果断性、坚韧性、自制力以及勇敢顽强和主动独立等精神。意志品质既是在克服困难的过程中表现出来的，又是在克服困难的过程中培养起来的。体育锻炼有独特的环境（如气候、动作难度、场地、器材等），它要求学生不断地克服客观困难和主观困难（胆怯、畏惧、疲劳和运动损伤等），在克服各种困难之中培养良好的意志品质，并能将之迁移到日常生活、学习中去。

5. 治疗心理疾病

体育锻炼已经被公认为一种良好的治疗心理疾病的方法。体育锻炼是治疗抑郁症的有效手段之一，60%的人认为应把体育锻炼作为一种治疗焦虑症的方法。因此，体育锻炼不但能增强体质，而且能提高心理素质，治疗心理疾病。

（二）体育锻炼对心理健康各方面的改善

参加体育锻炼具体可以改善以下心理状态：

1. 改善孤僻的心理

假如你觉得自己不太合群，不习惯与同伴交往，那么，你就应选择足球、篮球、排球、接力和拔河等集体项目。积极参加这些集体项目的锻炼，会帮助你慢慢地改变孤僻的性格，逐步适应与同伴交往，并热爱集体。

2. 改善腼腆的心理

如果你感到胆小，做事怕担风险，容易脸红，怕难为情，那你就多参加游泳、溜冰、滑雪、摔跤、单双杠、跳马和平衡木等项目。这些活动要求人们不断克服害怕摔倒、跌痛等胆怯心理，以勇敢、无畏的精神去战胜困难，跨越障碍。一个时期的锻炼可以使你的胆子自然增大，处事老练。

3. 改善优柔寡断的心理

如果你觉得自己处事犹豫不决、不够果断，那就多参加乒乓球、网球、羽毛球、摩托车、跨栏、跳高、跳远和击剑等项目。这些活动都会因为任何犹豫和徘徊而延误良机、遭遇失败，久练这些项目能帮助你培养果断的个性。

4. 改善急躁、易怒的心理

如果你发现自己遇事容易急躁，感情容易冲动，那就多参加瑜伽、下棋、打太极拳、慢跑、长距离的步行、游泳、自行车和射击等缓慢、持久的项目。这些体育活动能帮助你调节神经活动，增强自我控制能力，稳定情绪，从而使容易急躁、冲动的弱点得到改善。

5. 改善缺乏信心的心理

如果你感到自己老是担心完不成任务，那就先选择一些简单易做的体育运动，如跳绳、俯卧撑、广播操和跑步等体育项目。坚持锻炼一个时期，信心自然能逐步得到增强。

6. 改善遇事紧张的心理

如果你感到自己遇到重要事情容易紧张、临场失常（如考试），那就应多参加公开、剧烈的体育比赛，特别是篮球、排球和足球等项目。因为场上形势多变，比赛紧张剧烈，只有冷静沉着，才能取得优势。若能经常在这种激烈的场合中接受考验，遇事就不会过分紧张，更不会惊慌失措，从而给学习、工作带来益处。

7. 改善自负逞强的心理

如果你发觉自己有好逞强、易自负的短处，那就选择一些难度较大、动作较复杂的技巧运动，如跳水、体操、艺术体操和健美操等体育项目，也可以找一些实际水平超过自己的对手下棋、打乒乓球或羽毛球等，进而不断地提醒自己"山外有山"，万万不能自负、骄傲。

8. 体育锻炼有助于情绪的调整

体育锻炼能消除烦恼，减轻紧张忧郁，缓解思想压力，使人神采飞扬，愉快向上。情绪不好时，可以采用合理的宣泄方法，如参加足球、篮球和排球等集体项目，通过与他人的积极交往与合作，心情就会逐渐平静，但不能用骂人、打架、摔东西等不文明的方式宣泄不良情绪。

三、了解体育锻炼对提高大学生社会适应能力的作用

体育锻炼对于提高大学生的社会适应能力具有重要的促进作用，这是由体育锻炼的社会特性所决定的。人在锻炼时，既需要交往与合作，又存在相互竞争的现象。在这种活动过程中形成的交往、合作和竞争意识的行为会渗透到日常的生活、学习和工作中去。

1. 体育锻炼有助于人际交往

人际交往是指社会中人与人之间进行信息交流和情感沟通的联系过程。体育锻炼可以增加与他人接触和交往的机会，可以忘却烦恼和痛苦，消除孤独感，并逐渐形成与人交往的意识与习惯，使性格外向者通过跳舞、打球等集体活动，满足强烈的交往需要；使性格内向者在参加集体性体育活动时，个性逐步得到改变。体育锻炼不仅能促进人的社会交往，而且体育活动的社会交往也会提高人们参与体育锻炼的积极性。

2. 体育锻炼有助于培养合作精神

合作是建立在团体成员对团体目标认识相同的基础上。在合作的社会情境中，个人所得有助于团体所得，它主要体现在个人与他人在一起工作时所获得的社会效益，如交流的增加、互相信任等。在一些相互依赖性的任务（如篮球等集体运动项目）中，合作会使活动变得更加有效，因为团体的成功，必须通过成员的相互协作、共同努力来实现。经常参加体育锻炼，特别是参加集体性的体育锻炼，有助于个体加强合作意识和培养团队精神。

3. 体育锻炼有助于形成竞争意识

竞争是体育运动的主要特性之一。在体育运动过程中，时时处处都充满着竞争，既有

对自己运动能力的挑战，又有与他人的争胜；既有个体之间的竞争，又有团体之间的竞争。但运动中的竞争，必须以良好的体育道德为基础，而不是不择手段去伤害他人而达到自己的目的。体育锻炼中的竞争能培养自己积极进取、顽强拼搏的精神。

四、了解体育运动处方的制定与实施

（一）制定运动处方的原则

在制定和实施运动处方时，应遵循下列基本原则：

1. 个体化

由于每个人的身体条件千差万别，不可能预先准备好适应各种情况的处方。即使可能，而个人的身体或客观条件也在经常变化，严格地说，上周的处方在本周就不一定适合。所以必须根据每个人的具体情况，因人制宜，个别对待。

2. 不断调整

对于初定的处方，在实行过程中要进行一次或多次的微调整，使之符合自己的基本情况。一个安全、有效、愉快的运动处方，不是别人给予的，而是自己制定的。书刊上介绍的各种运动处方，只应作为制定自己运动处方的一个指导原则。

3. 以耐力为基础

在制定运动处方时，体力的差别比性别和年龄的差别更为重要。因此，即使不根据性别、年龄，而只以体力（全身耐力）情况为基础来制定运动处方，也是适宜的。

4. 保持安全界限和有效界限

为了提高全身耐力水平，必须达到改善心血管和呼吸功能的有效强度，即靶心率范围。如果运动超过这个上限，就可能有危险，这个运动强度或运动量界限，称为安全界限；而达到这个有最低效果的下限，称为有效界限。安全界限和有效界限之间，就是运动处方安全而有效的范围。

（二）运动处方的内容

1. 运动种类

（1）基础有氧运动

基础有氧运动是指有氧运动的耐力性运动项目：健身走、慢跑、自行车、游泳、跳舞、健身操、跳绳、爬山、划船、太极拳，以及非竞技性的乒乓球、篮球、排球、羽毛球、室内自行车等项目。其中健身走、慢跑、自行车、游泳、跳舞、健身操、跳绳、爬山等运动是有氧运动中最常见的形式，能持续地对心脏及循环和呼吸系统产生作用。人们应根据自身的身体状况和健身需求，有针对性地加以选择。

（2）伸展性运动

伸展性运动项目包括：健身操、广播体操、太极拳、太极功、气功、五禽戏、八段锦、健身瑜伽、健身迪斯科、交谊舞及各种医疗体操和矫正体操等。伸展性运动有助于发展关节和肌肉的柔韧性，长时间缺乏柔韧性练习可导致关节或关节部位软组织发生变形、挛缩，甚至粘连。医生认为，扩大关节运动的幅度，即扩大人体活动的无痛范围。身体缺乏柔韧性会影响体育锻炼、学习和工作，甚至会影响人们的健康与生活质量，所以必须高度重视柔韧性练习。

（3）力量性运动

力量性运动项目包括：俯卧撑、仰卧举腿、仰卧起坐、蹬台阶、单杠引体向上、双杠臂屈伸、哑铃扩胸及推举等。肌肉组织的增加，直接影响到身体成分和心血管系统的发展及提高，此外，它还是提高生活质量的重要因素。

2. 运动处方

（1）健身走运动处方

（2）健身跑运动处方

在400m的标准跑道上，每10m做一个标记，以便较精确地计算出跑的距离，要求受试者在进行必要的准备运动后，以自己最大的努力和基本均匀的速度跑完12min，用秒表计时，由专人用口哨声示意12min时间到，受试者听到口哨声应立即根据自己当时所跑的圈数和跑道上的标记精确计算出12min内所跑的距离，并将距离以千米为单位代入下面的公式，所计算出来的数值就是受试者的最大吸氧量估测值。

$$最大吸氧量 = [距离(km) - 0.5049] \div 0.0447$$

表1-1 12min跑步距离与最大吸氧量

距离（km）	最大吸氧量（L）				评价等级
	<30岁	30～40岁	40～50岁	≥50岁	
<1.610	<25.0	<25.0	<25.0	<25.0	非常差
1.610～2.000	25.0～33.8	25.0～30.0	25.0～26.4	25.0	差
2.000～2.400	33.8～42.6	30.0～39.1	26.4～35.4	25.0～33.7	普通
2.400～2.800	42.6～51.1	39.1～48.0	35.4～45.0	33.7～43.0	好
2.800	51.1+	48.0+	45.0+	43.0+	优秀

第二章 体育基础理论

第一节 建立科学体育观

一、体育整体观

（一）体育整体观的提出

体育整体观常用来表述体育的系统思想。系统论原理指出，体育教学是一个完整的系统构成，整体性是体育系统的主要性质，体育整体观是唯物辩证法和现代系统论在体育领域的应用，是现代体育实践中所需要的一种重要的体育观念。

现代系统论原理指出，任何复杂的认识对象（事物）都是由诸多相互联系、相互依存的要素所构成的，这些要素以追求整体利益为一致目标，彼此协调而形成一个有序的集合体或统一体。这种整体观或系统论思想，注重从整体角度来观察和分析问题。作为现代科学的一个组成部分，它所提供的认识事物的方法，极大地推动了整个现代科学技术的发展。总的来说，在现代系统工程与大量科学实验的基础上进一步发展起来的、体现唯物辩证法光辉的现代整体观或系统论是人类理论思维的一个巨大的飞跃。

（二）体育整体观的应用

1. 体育构成的分析

体育是一种多形态、多目标、多功能、多序列的复杂的社会活动，但并不是杂乱无章的。在体育这一系统中，各子系统和各要素之间并不是彼此孤立的，而是相互关联、相互协调的有机整体。这是体育整体观的一个重要体现。

体育的整体观或系统论观点认为，体育是由许多总体目标一致又相互作用、相互制约的要素所构成的，从空间维度讲，体育的构成以体育教育目的和体育手段为其要素。体育目的又以体育方针为其要素，体育方针又以体育实施任务为其要素，体育手段以身体练习为其要素，身体练习又以各种技术动作为其要素等。体育系统中各层次要素的集合构成了一个完整的体育系统。

2. 体育要素协调发展的分析

体育系统中的各要素有机结合、相互制约、相互影响，体育整体观以注重体育整体利益和要素的协调发展为特性。体育这个大系统的正常运转和健康发展，有赖于它的各层次要素的有效运作与协调发展。如果其中一个或几个要素或环节不能有效运作并发挥其应有的功能，或有悖于体育宗旨、体育法规和体育伦理，那就势必制约整个体育事业的发展。

体育发展受多种因素的影响，体育整体的持续发展和进步，不仅有赖于体育内部要素的协调发展，还有赖于体育与政治、经济、文化等外部环境的相互适应、相互协调。这也是体育整体视角所注视的重要问题之一。要想实现各种体育要素的协调发展需要经历一个长期的运行过程。体育内部要素的发展，总是由不平衡到平衡，又到新的不平衡，如此往复，由低级向高级发展。从这个意义上讲，"协调"是没有止境的。另外，如何做好"协调"工作，特别是如何建立其相关的机制，使体育内部任何一个要素或局部在特定条件下有可能取得超前发展，但控制好这种"超前"的发展时间，使之能最终与体育系统中其他相关要素协调、和谐发展，才是最终促进体育的整体发展。

二、体育价值观

（一）体育价值观的概念

体育价值观是体育的价值在人们头脑中的反映，或者说是关于体育价值的基本观点和基本看法，是指导人们对体育问题做价值判断和价值取向的基本原则。

（二）体育价值观的基本内容

1. 体育价值目标

所谓体育价值目标，是人在特定条件下追求和期望实现的体育理想。从个体之间客观存在的差异性来看，不同的个体对体育有不同的追求和期望，即使是同一个个体，在不同的条件和状况下，对体育也有不同的追求与理想。具体来说，个人的体育价值目标受到体质、年龄、性别、职业、教育程度、经济水平等多种因素的影响，最终到个体的体育价值目标上也表现得千差万别。

2. 体育价值实现手段

所谓体育价值实现手段，是指个体实现自我体育价值目标的具体方式、方法和途径。具体来说，实现个体体育价值的手段主要有以下三种。①经济手段：基础性手段，包括实现体育价值的各种物质条件、物质奖励及其约束机制等；②政治手段：必要手段，包括实现体育价值的各种行政手段、法律手段和政策手段等，和其他手段相比，政治手段具有规范性和约束力；③舆论手段：包括宣传教育、道德弘扬、舆论工具的应用等。

3. 体育价值评价标准

人们对体育价值（包括体育价值的质和体育价值的量两方面）的评价尺度与依据，就是所谓的体育价值评价标准。体育评价标准是一元和多元的统一。从发展的角度来看，人的自由发展与社会的全面进步是人类唯一的、最高层次的价值评价标准，也是体育价值评价标准最高指导思想。

必须清楚地认识到，对体育价值的挖掘和利用目的不同，体育价值的评价标准也不同。具体来说，不同文化背景、不同民族、不同国家和地区的体育价值评价标准是不一样的，对于一个国家和地区来讲，体育价值评价标准的合理性与科学性必须在满足个体和群体需要的基础上能充分满足社会和国家的需要，并使二者完美结合。

三、人文体育观

（一）人文与人文精神

1. 人文

人文，是一个动态的概念，《辞海》将其解释为人类社会中的各种文化现象，它是指人类文化中优秀的、健康的、先进的、科学的部分。

文化是由人类创造出来的，在人类的社会生产生活中，人类、民族和人群会形成一定的价值观念、信息符号以及道德和行为规范，它们共同组成了文化。在文化这一范畴中，价值观、信息符号、道德及行为规范具有不同的地位和作用，具体如下：首先，在人类文化中，人的价值观念是整个文化的核心，它深刻地影响着其他方面的形成和发展；其次，信息符号是文化的基础，它不仅实现了信息之间的沟通，还在一定程度影响了文化的发展和继承；最后，行为和道德规范以及法律法规方面的内容也是人类文化的重要内容，它起着规范和制约的作用。在人类不同的发展时期，人类文化具有不同的发展特征。人文是人类文化中最为核心的部分，是价值观念和行为规范方面的内容。作为一种先进的思想，人文思想体现了尊重、重视和关爱他人等多方面的内涵。

2. 人文精神

人文精神，也称人文主义、人本主义、人道主义。从科学的角度来看，人文精神是对科学、知识、真理的追求和探索。从道德的角度来看，人文精神就是对道德信念、道德人格、道德行为、道德修养的追求和看重。从价值的层面来看，人文精神就是渴望和呼唤自由、平等、正义等重大价值。从人文主义的层面来看，人文精神就是尊重和关注人，就是期盼和高扬人的主体性。从终极关怀的层面来看，人文精神就是反思信仰、幸福、生死、生存、社会终极价值等问题。

（二）人文观下的体育教学

1. 人文体育

体育是一门综合性学科，是一种有关于人的身体运动的一种特殊形式的文化，当前，体育正在经历着由"人文体育观"向"生物体育观"的回归。随着科技的不断进步，自然科学获得了快速的发展，体育与自然学科（如生理学、解剖学和物理学等）的联系日益密切。一方面，这些学科给予了体育很好的学科基础支持；另一方面，体育作为一门"从事身体练习并承担一定的运动负荷"的学科对自然学科的应用更加广泛，体育学习被自然地认为是一种"技能的学习"，体育最初的"人文性"被日益弱化。

当前，体育与人、与社会发展的密切关系日益凸显出来，在新的历史形势下，关于体育，必须明确以下认识。①体育的自然属性：体育的自然属性（物质世界）是人类维持增强和改造自身机能形态的科学实践。②体育的文化属性：体育是改造自身人文精神状态的人文实践。在体育的这两种属性中，自然属性是基础，文化属性是核心。③体育的教育属性：体育活动不仅仅是一种"育体"或"健身"活动，更重要的是它以"育心"和"完人"为其终极目标。

2. 体育教学中的人文思想

首先，体育教学自身具有人文属性。具体来说，就是对在体育教学过程中对学生身心的培养引起高度重视，不仅要对学生强壮的身体进行塑造，而且还要对学生良好的心理与品德进行培养。体育教学中知识的传授以及对学生关爱性的思想的传达等的实现，都是要通过这种身体行为上的活动的。

其次，体育教学对教学过程中认同和尊重学生的人权、价值追求等方面进行了突出的强调。作为教育的重要对象与主体，不仅要对学生人的属性给予一定的肯定，还在此基础上，充分尊重学生的个体需要与兴趣，重视学生个性化发展的培养，并对体育教学提出了要给学生带来愉悦，实现情感的宣泄。通过这种方式展现出对学生的关心和爱护满足学生的生理与心理发展要求。

（三）以人为本的体育教学思想的提出

1. 终身体育教学思想

（1）终身体育教学思想的概念

所谓终身体育，具体是指在人的一生中都要进行身体锻炼和接受体育教育与指导，它是终身教育的重要组成部分。具体来说，就是一个人从生命的开始，到生命结束，都要进行身体锻炼，以适应环境和自身持续发展需要。

可以从以下几方面认识终身体育思想的内涵：①终身体育指人从生命开始至终结，在整个过程中都要参加体育锻炼，使体育成为日常生活中必不可少的内容。②终身体育是指以正确的体育观与方法论指导人生的不同时期、不同生活领域中参加体育活动的实践过程。③终身体育强调个体的体育思想和体育意识二者的有效结合，其中，体育意识是终身体育的思想基础，对于个体来讲，体育意识的强烈程度，直接影响学生终身体育思想的形成。④终身体育强调个体生命整个过程中不同时期的体育，即体育健身贯穿于生命的全过程。

终身体育思想是经过实践检验的，并最终成为现代先进的体育教育思想。在实际的生活中，终身体育由相互联系、相互影响的学校体育、社区体育、家庭体育构成，共同作用于个人，并要求学校、家庭、社区均应开展体育活动，为人们提供参加体育活动的机会。终身体育贯穿于人的一生，对社会而言是全体国民的体育，二者的统一是终身体育追求的最高目标。终身体育思想的形成是人类自身和社会发展的必然要求。在学校中开展体育教育，并向学生灌输终身体育的理念，对于学生的身心健康发展及其对社会的适应等都十分有益。

（2）终身体育教学思想的基本特征

①体育锻炼时间的终身性

和传统应试教育思想相比，终身体育教育教学思想突破了传统的学校体育目标，过分强调学习和掌握运动技能的观念，使学校体育教育获得了进一步发展和延续。因此，从这个角度来讲，终身体育无疑是一种先进的教育思想。这种先进性具体表现如下：传统的体育教学观念把人接受体育教育的时间仅仅局限在校学习期间，体育锻炼的内容也局限于体育知识、运动技能的学习和掌握。与传统的体育教学思想相比，终身体育则要求根据学生个体生长发育、发展和衰退的规律和阶段性特征进行科学的身体锻炼，并养成终身参加体育锻炼的习惯，即体育锻炼应贯穿人的一生。

②体育锻炼群体的全民性

终身体育锻炼具有全民性的特点，这是指接受终身体育的所有人，具体表现在以下两方面：一方面，就体育锻炼对象而言，包括儿童、大学生、成人和老年人等。以终身体育为指导开展全面健身运动，其实质是群众体育普及的进一步发展，因此终身体育涉及社会中的每一个人。另一方面，就体育锻炼范围来说，包括学校体育、家庭体育、社区体育等。在现代社会，每一个人都要学会生存，要生存就必须会学习、运动锻炼，人们要想更好地生活，就要把体育与生活紧密联系在一起，只有这样才能在体育活动中受益。

③体育锻炼目的的实效性

终身体育旨在促进人的全面可持续发展，其最终目的是维护和改善人的生活质量，增进健康，延年益寿，并最终通过人的发展促进整个人类社会的发展和不断进步。根据终身体育指导思想，在日常生活中，人们为了改善自己的生活质量，根据自身条件合理选择适合自己的体育方式，做到有的放矢，具有较强的针对性和实效性。总之，终身体育锻炼要有明确的目的，要能促进自身的全面发展和终身健康。

（3）终身体育教学思想的意义

①促进体育教学改革

基于促进人的发展的终身体育教育教学理念，不是只追求某一特定的运动技能和运动的熟练程度，而是学会能自我分析自身的身体锻炼和运动实践的综合能力。它注重培养学生对体育的爱好，有利于促进形成终身体育的意识，使学生养成锻炼的习惯；同时注重学生掌握系统的体育基本理论知识，掌握科学的身体锻炼方法以及检查评定方法。另外还对学生自觉、自愿地参加和组织体育活动的能力提出了更高的要求。终身体育思想的提出有利于促进当前学校体育教学改革的进程，是体育教学思想的一种创新和必然结果。

②满足体育生活化的要求

终身体育适用于所有人，是群众体育和大众体育的重要基础，而群众体育和大众体育发展的动力是体育生活化，生活化的体育是社会进入小康社会的必然产物。在现代社会，人们生活的价值容量在不断扩大，生活与体育之间的联系越来越密切，人们在每个阶段都参与体育锻炼，能增强自己的体育意识，提高对体育锻炼的认识，并形成自觉自愿的锻炼风气，这已经成为社会发展的必然。

当前，重视学校体育教育，并通过学校体育教育增加体育人口，为我国大众体育的发展和竞技体育的发展奠定基础是我国发展体育事业的一个重要和有效途径。具体来说，学生是社会未来的建设者，是未来社会的构成主体，而社会成员终身体育意识的形成，对推动群众体育的开展，提高群众体育活动的兴趣，促进文化交流都具有重要的意义和作用。终身体育注重人的个体性，并且着眼于人的一生中不同的年龄阶段、不同的生活环境、不同的职业特点等来选择不同的体育锻炼内容、形式和方法，采用不同的运动负荷进行身体锻炼，以期终身受益。虽然我国的大众体育获得了一定程度的发展，但受场地、器材、经费和组织等因素的影响，我国每年开展群众体育活动的次数是非常有限的，其时效性也不高。因此，大力倡导终身体育的观念，增强社会大众的身体素质和运动水平是实现体育生活化的社会发展的必然要求。

③满足现代社会发展的需要

增强体质是终身体育的重要目的，是我国社会主义体育事业最本质的特点。社会劳动力的构成都是由不同年龄段的人组成的，都面临着始终保持身体的最佳健康状态，并能适应社会中某一份工作对该职业从业人员的身体素质要求。

现代社会竞争激烈，每个人都面临众多压力，良好的身体素质是个体适应社会生活的重要基础。具体来说，个体要想适应现代社会发展的需要，就必须始终保持身体处于健康、积极的最佳状态。选择终身体育锻炼是一个非常有效的途径，个体应结合自身情况在人生的不同阶段选择不同的身体锻炼形式与内容。无论是何年龄段、何种职业，都面临着对它的选择，以保证自己身体更加健康，精力更加充沛。只有如此，才能在竞争如此激烈的社会环境中不断寻求自身的发展，以及未来生活的需要。而这种伴随人生一起发展的体育即终身体育。

随着人类文明的不断发展，社会发展给人们带来便利，越来越多的人逐渐意识到，良好的身体素质是享受高品质生活的基础，科学从事身体锻炼是现代化文明生活方式的一个重要内容与标志，是人类文明发展的必然要求。如果整个社会、整个国家、所有民族都能做到天天坚持身体锻炼，并养成自觉参与体育锻炼的良好习惯，那么这个国家的文明发展程度必然是处于较高的一个水平。因此可以说，参与终身体育锻炼可以从侧面反映一个国家的文明发展程度和未来发展空间。

④促进社会主义经济建设

体育事业的发展能促进社会经济的发展，终身体育与经济建设之间互相影响，二者之间的关系非常密切。经济的发展制约着体育的发展，也同样影响着人们终身体育的发展。随着我国经济建设的不断发展，人们更加清楚地认识了体育与经济的关系，具体如下。

首先，经济是体育发展的基础，社会对体育的需求是体育发展的动力，经济的不断发展又促进社会对体育的发展提出要求；同时，社会经济的发展也为体育事业的发展提供了经济投资的可能。

其次，就整个社会的发展来讲，提高劳动生产率是促进社会发展的根本途径，而劳动生产率的提高必然以从业人员的良好身体素质为基础，在此基础上依靠科学技术水平的提高，最终提高整个社会的生产力水平，以满足人类持续生存和发展的需要。因此，发展终身体育提高劳动力身体素质，使其创造更多的物质财富是终身体育之于经济发展的一个重要表现内容之一。

最后，体育产业能带动和促进经济的发展，终身体育就是在经济发展的条件下，不断向社会提供体育劳务这种特殊的体育消费品，人们通过体育锻炼能达到强身健体、丰富业余文化生活，提高体能和心理素质的目的，从而促使人们更好地将精力投入到经济建设中，从而促进社会经济的发展。体育与经济二者是相互促进的关系，在经济不断发展的情况下，终身体育思想也会得到不断强化。

2. 人本主义教学思想

（1）人本主义教学思想的基本观点

①教育目标追求学生的自我实现

现代人本主义思想指出，教育的最终目标就是要实现自我、形成完美的人性，并达到人所不能及的最高境界。人的自我实现包括以下两方面的内容：一方面，人的自我实现是人格的整体性的表现。人格的整体性主要体现在人学习的整体性，学生的自我和环境、情感和智力在学习的过程中有机地结合起来。认知和情感两种因素的结合就是人的学习，教育者所要做的就是要促使这两种因素的结合。人格的创造性则是指，人的性格、个性以及个人整体的充分发展等方面。另一方面，人的自我实现是人格的创造性的要求。创造性是每个人与生俱来的潜能，教育就是要对这种潜能进行挖掘、要有助于创造性地培养，它的最终目的就是要培养出一个不惧怕变革，并且能够勇于追求新事物的人，在变革中享受变化的乐趣的新人。因此，现代人本主义教育的根本理念就是培养人的创造性，这是这一教育理念的价值所在，对当前的体育教学具有重要的指导意义。

②课程安排尊重学生的自由发展

现代人本主义教育思想对体育教学的指导意义在于，体育教学应充分给予学生自由选择的机会，他人应尽可能少地干涉，这样才能培养起良好的独立性，建立自信心。就体育教学来讲，不存在一成不变的体育课程在任何时候都适应所有的学生，必须要提供多种多样、侧重点不同的体育课程方案，使其适应不同的学生的个性特征，通过科学体育教学课程安排下的体育教学活动的开展引导学生根据自身的发展需要来进行选择。在教学过程中，应使学生所学的知识与其生活经验相互结合；同时，重视学生情意因素和认知因素的有效结合。

③教学方法重视学生的情感体验

现代人本主义主张以学生为中心，因此，在体育教学的过程中，让学生通过切身学习获得经验，并让学生在学习中发现自我，学会尊重他人，建立自信心，促进独特个性的形成。因此，学校所应做的是要给学生营造良好的人际交往环境，教师对学生报以真诚的态度，给予学生充分的尊重、理解和信任。总的来说，在弘扬人的个性，强调以人为中心，尊重人的情感体验等方面，现代人本主义教育思想与新人本主义、古典人本主义教育思想是一脉相承的。

通过对人本主义的发展历史进行分析和研究，不难发现，现代人本主义与古典人本主义、新人本主义之间存在着以下两方面的差异。一方面，现代人本主义与古典人本主义、新人本主义所针对的对象不同，前者主要针对"科学主义"，后两者主要针对封建教育。现代人本主义教育在一定程度上否定了教师的权威，肯定了学生在学习中的主体性，重在培养学生的创造精神。此外，现代人本主义还注重发挥体育教学中的非理性因素的重要作用，并且随着经济社会的发展，其也表现出了一定的时代进步性。在新的时代环境下，科学人本主义和现代人本主义已经成为两个相互抗衡的主流。另一方面，就理论基础来讲，空想特征和片面性在现代人本主义教育思想中仍然存在，它的理论基础有唯心主义的一面，其教育目的更是表现出偏执于"个人本位"，它在将人与科技、人与社会相对立、相分离的同时，对教育价值的认识也受到了更多的束缚，并且反理智主义也进一步得到助长。在一定程度上来说，现代人本主义是对古典人本主义和新人本主义思想的背叛，它逐渐背离了两者所倡导的理性传统。

需要特别注意的是，人本主义教学观念与科学主义教育思想二者并非"重视人""重视科技"的绝对对立，随着现代体育教学的发展和社会对人才的要求不断提高，人本主义教学观念与科学主义教育思想二者在未来将表现出一定的趋同性。具体来说，科学主义教育思想对经济社会的发展具有重要的促进作用，符合社会发展的主流趋势，其在教育中的主流地位逐步确立，并得到了进一步的巩固。因此，随着教育价值多元性逐渐被人们深刻的认识，人本主义教育思想也逐渐呈现出与科学主义教育思想相融合的趋势，并使得科学人本主义教育思想的概念得以形成。科学人本主义教育思想认为，科学人本主义的目的主要是关心人和它的福利，它是人道主义的，同时科学人本主义也是科学的。总的来说，科学人本主义不仅尊崇科学，同时还注重人道，它所要达到的是理性与情感的平衡发展，社会与人的需要的平衡发展。可见，人本主义教学观念与科学主义教育思想二者都十分重视人的发展，二者的差别主要表现在对人的作用的认识方面。

（2）人本主义教学思想的体育改革启示

①重新定位学校体育价值

人文精神体现在现代体育教学的方方面面。这与弘扬人文精神的时代潮流是相适应的。在这种发展趋势下，为人们思考学校体育教学的价值提供了便利。我们知道，学校体育的根本出发点和落脚点是"育人"，它是现代教育的重要组成部分。但长期以来，人们总是在理解体育科学化的基础上。常常采用生物学的观点来对学校体育的价值做出判断，并且过多地关注学校体育"增强体质"的功能。另外，随着商业社会的不断发展，实用主义对学校体育产生了重要的影响。在现实社会中，学校体育并没有对学生进行充分的情感体验和创造性的培养，对促进学生个性的发展也有所欠缺。

从本质上来看，学校体育教学的首要功能就是要增强学生的体质，社会需要使得学校体育为经济发展和社会政治服务成为必然，但这些并不是唯一的。因此，在我国现阶段体育教育改革要在增强学生体质的基础上，进一步拓展体育教学的人文价值，从而建立起多元化的体育教学价值体系。

②重新建构学校体育目标

当前，注重学校体育目标的人文倾向是我国学校体育改革的重点。我国传统的学校体育教学目标为增强学生体质、掌握"三基"和德育，随着体育教学的不断发展，体育教学的育人作用被不断丰富和发展，多元化的学校体育价值体系，给学校体育目标多样性、多层次的建构提出了必然要求。随着体育教学改革的不断发展，我国国内的学者已经认识到，技术教育和体制教育并不能完全作为学校体育实践的重心，应该把重心从单纯地追求学生的外在技能水平向追求学生的全面协调发展转移。

③重新调整学校体育课程内容

在人本主义教学思想指导下，学校体育教学内容应围绕学生展开。为此，我国先后修订了中小学体育和高中体育教学大纲，并使得教学内容的灵活性和教育性在新的体育教学大纲中得到加强，并在促使学生养成良好的体育习惯、弘扬民族文化、符合学生身心发展特点方面进行了较大的改进。我国体育课程处于不断进步和发展之中，但是其并不能完全满足素质教育的需求。

现阶段，加强对我国体育课程内容进行多方面的调整是十分必要的，具体内容主要包括以下几方面。首先，体育教学内容的趣味性，在课程改革过程中，要充分利用学生的好奇心，激发其学习的兴趣。其次，体育教学内容的普及性，课程内容中对于一些竞技体育项目中不适合该年龄阶段学生的技术要领、规则、器材和设施要进行相应的改造，并使其更有利于在全体学生中进行普遍开展，更具有健身价值。再次，体育教学内容的适用性，课程内容的设置要侧重于对学生的终身体育能力的培养，加强与社会和生活的联系。最后，体育教学内容的创新性，课程内容还要为学生创新精神的发展提供广阔的空间。

四、科学体育观

（一）科学体育观的理论基础

科学体育观是建立在科学理论基础之上的，它与体育科学体系之间是主导和基础的关系。一方面，体育科学体系是在科学体育观的主导下得以建立和发展的；另一方面，体育科学体系的建立和发展又丰富了科学体育观的内容，加强了科学体育观在体育实践中的科学主导作用。因此，为了更好地理解科学体育观，必须了解体育科学及其体系。

体育是人的社会活动之一。体育的对象是人的身心和社会。在长期的体育运动实践中，在体育科学的探索中，人们逐渐认识到体育运动的科学基础主要有三个，即体育生物科学、体育人文社会科学、体育技术科学。

1. 体育生物科学基础

体育是一种人体活动，体育学科体育生物科学是生物科学与体育运动结合的产物，我国学者多称之为"运动人体科学"，其任务在于揭示体育与人、体育与社会之间内在的必然联系和一般规律。

体育生物学科体系的构成十分丰富，它由众多的学科构成。主要有体育哲学、体育史、体育基本理论（体育概论，体育原理）、体育教育学、体育社会学、体育经济学、体育管理学、体育美学、体育心理学、体育伦理学、体育法学、体育新闻学、体育文献学等。

2. 体育技术科学基础

体育技术科学，属于体育方法学或体育行为学的范畴，具体来说，它是介乎上述两个学科群之间的应用学科群。其研究任务是揭示合理的运动技术与战术、运动训练、身体锻炼与人的身心，与相关环境要素之间内在的必然的联系和一般规律。体育技术科学内容丰富，主要包括运动专项理论与方法、运动训练理论与方法（或竞技运动理论或运动训练学）、运动竞赛理论与方法（或运动竞赛学）、健身健美理论与方法等。

3. 体育人文社会科学基础

体育运动是人类社会的重要文化构成内容，但从某种意义上说，它又是独立于人类的基本实践活动的，是改造自然，改造社会这种社会活动的一个特殊组成部分。体育运动的有效性或者说其功能的有效发挥，从根本上说取决于人们的体育行为、体育实践是否符合体育自身发展的规律性和体育的科学原理。人们对体育运动科学原理和规律性的认识及其所形成的知识体系就是体育科学。

在上述三个构成科学体育观的理论基础的学科中，它们相互联系、相互影响，共同影响科学体育观的建立。这三大学科群在马克思主义哲学（辩证唯物主义和历史唯物主义）的指引下，从不同的方面共同对体育运动发挥理论的指导作用，从而逐渐形成体育科学的一个较为完整的分层次的学科系列，并最终构成了体育科学体系。

（二）科学体育观的目标导向

科学体育观是促进体育工作者在体育实践或体育实际工作中的理性行为的重要思想导向，它总是与体育的科学化进程、与科学体育观密切相关的。科学体育观的目标导向只能是体育的科学化，具体包括体育管理科学化、运动训练科学化和全民健身科学化等。

1. 体育管理科学化

体育管理科学化首要的是体育决策科学化。决策是管理的核心。体育决策是根据一定客观条件，借助一定方法，从若干备选的体育行动方案中选择最佳方案而进行分析、判断和抉择的过程。

科学、正确的决策必然与决策者的自身素质，特别是与其管理经验、科学文化水平和民主作风密切相关。但是重要决策，尤其是关乎全局利益的重大决策，除了需要决策者有较高素质外，还必须经有关专家反复论证和大量相关科研课题研究成果的支撑。领导、专家相结合，一般科学原理的指导与选定课题研究相结合，乃是现代科学决策的必由之路。

从根本上说，体育管理科学化是要应用现代科学的理论与方法、管理的基本规律，提高体育管理效率和综合效益。现代科学有"软""硬"之分，这里重点分析我国体育管理的软科学。

所谓软科学，隶属于新兴的决策科学，是支撑民主和科学决策的知识体系，是自然科学、社会科学、工程技术、数学、哲学交叉融合而形成的具有高度综合性的科学群。软科学研究以解决社会发展中的决策、组织和管理问题，促进经济社会发展为目标，以辅助各级领导决策为根本目的，利用现代科学技术提供的方法（如系统方法、灰色理论方法和矩阵决策法等）和手段（如计算机、网络），采用定性分析和定量分析相结合的集成方法而进行的一种多学科、多层次的综合性研究活动。体育软科学研究是我国体育科技工作的重要组成部分，它以辅助各级体育部门科学决策、科学管理，推动体育事业发展为目的，其范围主要包括体育发展的战略研究、规划研究，政策研究、管理研究、体制改革研究、法制研究和重大项目的可行性论证等。

2. 运动训练科学化

运动训练科学化是现代体育的重要标志之一，也是现代体育科学化发展的重要内容之一，运动训练是否科学直接影响体育事业的整体发展。

随着我国对体育事业发展的不断重视，我国在体育发展中的关注和投入越来越多，促进运动训练的科学化是当前我国发展体育事业、培养优秀体育人才的一个重要方面。在体育全球化快速发展的大背景下，世界竞技体育水平不断提高，国际竞争的激烈和现代科学技术的飞跃发展使越来越多的人认识到，只有广泛地应用现代科技成果指导运动训练，才有可能获得理想的训练效果，才有可能在当代激烈的国际竞技中获得优胜。在这样的社会背景下，人们不再满足于传统的师徒相传的方法参与体育训练，而是转向对科学体育训练思想、体育训练理论的学习，并重视高新体育科学技术的应用，借助于新的科学的方法来指导体育训练，有效地促进了我国竞技体育的科学化发展，也与世界范围内的运动训练科学化的总体发展趋势保持一致。

运动训练科学化内容广泛，包括科学选材、诊断、计划制订、训练活动组织、训练过程管理、训练恢复与营养补充、训练医务监督等诸多方面，要实现运动训练的科学化发展，必须做好以下两方面的工作。

①采用时代可能提供的先进思想和先进的科学技术、方法和手段，按照运动训练的一般规律和专项运动的特殊规律进行训练，以便更好地解决训练的共性问题。②从实际出发，针对运动员个体差异和影响其运动成绩提高的各种因素（包括身体的、心理的、技术的、战术的因素和其他客观因素），进行课题或科技攻关研究，并将科研成果及时、有效地应用到运动训练实践中去，以更好地解决训练的个性问题。上述两方面的工作要充分结合起来，"两手都要抓，两手都要硬"，只有这样，才能充分发挥科技在训练中的作用，才能不断提高运动训练的质量和水平。

3. 全民健身科学化

全民健身科学化是把全民健身活动纳入科学轨道的过程。这是群众体育在现代条件下的一个大发展，是现代体育的一个大趋势。现代社会中，健康问题是全民健身科学化的根本问题，但什么是健康，却有不同的理解。健康不但没有身体的缺陷和疾病，还要有完整的生理、心理状态和社会适应能力，这是一种科学的身心健康观，又是将人的健康视为多因素（体育锻炼、营养卫生、生活习惯、调整心态等）相互作用的综合健康观。

实施全民健身科学化的基本点在于科学、实效，具体要求如下。

（1）加强全民健身科学理论研究

全民健身科学研究主要包括全民健身战略与奥运战略相互关系研究、科学健身基本理论与方法研究、国民体质监测与服务研究、全民健身器材的研制及场地管理研究等。全民健身研究，不仅提高了全民健身服务中的科技含量，从而提高全民健身效果，而且向社会推出时尚、新颖、受欢迎的健身产品和服务项目，有利于培养全民健身科技成果市场，促进全民健身产业化的进程。

（2）加强全民健身的科技队伍建设和科学研究

高素质的全民健身科学化队伍建设对提高全民健身科学化水平具有重要的推动作用。全民健身科技队伍主要指全民健身科技服务系统，包括国民体质监测服务系统和科学健身指导系统等。全民健身科技服务以社会化为方向，广泛动员、积极引导社会方面大力开展全民健身科技服务，提高全民健身科技服务的社会化程度，建立全民健身的社会化管理和运行机制，保证全民健身社会化有序进行。

（3）制订符合客观实际的全民健身计划，保持全民健身的可操作性

在全面健身计划的制订方面要与我国的具体国情、民情相符合，并制定切实可行的有效措施，在实施计划的过程中加强监督，切实落实计划内容。

（4）重视科学健身知识和方法的宣传与推广普及

通过宣传充分调动人民群众参与体育健身的积极性和主动性，为人民群众参与体育健身活动创造一个良好的社会文化和舆论环境。在此基础上，加强对人民群众体育健康知识的普及，引导人们科学参与体育健身实践活动，引导人们进行健康、文明的体育活动，反对封建迷信活动，反对伪科学。

（5）采用科学、合理的健身方式、方法或手段，提高全民健康水平

健身或锻炼方法成百上千，应因时，因地，因人而异，合理选择，不可千篇一律。且"锻一己之身者其法宜少""少者不必不善，虽一手一足之屈伸，苟以为常，亦有益下情焉"。

第二节　体育运动的学科激励理论

一、体育运动与生理学

（一）人体的能量系统

能量代谢是人体和外界环境能量的交换与人体内能量转移的过程。物质代谢和能量代谢是两个紧密相连的过程，在能量代谢过程中可以使脂肪、糖、蛋白质等能量物质中所蕴藏的化学能释放出来，供体育运动利用。

1. 磷酸原供能

（1）磷酸原供能系统

ATP、CP分子内均含有高能磷酸键，在代谢中均能通过转移磷酸基团的过程释放能量，所以将ATP、CP合称磷酸原。由ATP、CP分解反应组成的供能系统称作磷酸原供能系统。

肌肉收缩时，ATP是将化学能转变为机械能的唯一直接能源，人们在进行体育运动时ATP转换率会加快，且与训练强度成正比。训练强度越大，ATP转换率越快，机体对骨骼肌磷酸原供能的依赖性越大。但是ATP在肌肉中的贮存量并不决定ATP主要作用的发挥，它的迅速合成过程是否顺畅则是其发挥作用的决定因素。

磷酸肌酸（简称CP）是贮存在肌细胞中与ATP紧密相关的另一种高能磷化物，分解时能释放出能量。当肌肉收缩且强度很大时，随着ATP的迅速分解，CP随之迅速分解放能。肌肉在安静状态下，高能磷化物以CP的形式积累，故肌细胞中CP的含量约为ATP的3～5倍。尽管如此，其含量也是有限的，随着运动时间的延长，必须有其他能源来完成供应ATP再合成，才能使肌肉活动持续下去。

CP 供能对 ATP 再合成有着重要的意义，这种意义的表现不在其含量，而在其快速可动用性，既不需氧，又不产生乳酸。但是因为分子过大，不能被人体吸收，CP 和 ATP 不能直接用作营养补充。前面提到过的肌酸能被人体直接吸收，肌酸吸收进入肌细胞后能合成 CP，进而为合成 ATP 所用。

磷酸原供能系统中，ATP、CP 均以水解分子内高能磷酸基团的方式供能，因此，在体育运动的初期和开始阶段，机体会最早起用，最快利用磷酸原供能系统，且不需要氧气参与。

（2）不同强度体育运动下磷酸原的变化

①当极量运动至力竭时，CP 储量接近耗尽，达安静值的 3% 以下，而 ATP 储量不会低于安静值的 60%。②当以 75% 最大摄氧量强度持续运动时达到疲劳时，CP 储量可降到安静值的 20% 左右，ATP 储量则略低于安静值。③当以低于 60% 最大摄氧量强度运动时，CP 储量几乎不下降。这时，ATP 合成途径主要靠糖、脂肪的有氧代谢提供。

（3）体育运动对磷酸原系统的影响

其一，通过体育运动，人体 ATP 酶的活性会得到提高。其二，体育活动还能够提高肌酸激酶的活性，使 ATP 能够快速转换，并且能够促进肌肉功率的提高。其三，人体在运动之后，消耗的 CP 需要经过一段时间恢复。通过体育运动锻炼，能够使得 CP 的合成速度较快，从而更好地投入到下一阶段的体育运动。其四，体育运动锻炼还能够促进人体骨骼肌 CP 储备量的增加，延长磷酸原供能的时间。

2. 糖酵解供能

现代体能训练中，人体在氧供应不足的条件下，骨骼肌糖原或葡萄糖会发生酵解，生成乳酸并释放出能量合成 ATP，用以补充在运动中消耗的 ATP，维持正在进行的运动。这种糖经过一系列代谢反应生成乳酸，并释放能量的过程，就叫作糖酵解途径或糖酵解供能系统，此过程是在细胞质中进行的一连串复杂的酶促反应。机体内部糖酵解的过程是分为两个阶段进行的：首先，多糖在体内水解为葡萄糖，葡萄糖分解生成磷酸丙糖；其次，磷酸丙糖转化为丙酮酸，生成 ATP。在有氧的条件下，丙酮酸可进一步氧化分解生成二氧化碳和水。

在体育运动开始阶段，ATP 会在 ATP 酶催化下迅速水解释放能量。一旦机体中 ATP 的浓度下降，CP 就会立刻分解释放出能量，以促进 ATP 的合成。肌肉利用 CP 的同时，糖酵解过程被激活，肌糖原迅速分解，提供体育运动所需要的能量。人体运动所产生的乳酸会导致人体的酸碱失衡，使得肌肉酸痛，人体运动能力下降。学者们认为，这是造成人体疲劳的重要原因。

3. 有氧代谢供能

（1）有氧代谢的供能系统

所谓的有氧代谢就是机体在有氧的条件下进行体育运动时，糖、脂肪、蛋白质会被彻底氧化成水和二氧化碳的反应过程。

有氧代谢供能是指在有氧条件下能源物质氧化分解，生成二氧化碳和水，同时释放能量的供能过程。长时间间歇运动训练对有氧代谢供能能力有显著的提高。

在体育运动过程中，机体的骨骼肌一般要通过以下三大能源物质的有氧代谢释放能量，满足机体的运动供能。

第一，如果氧的供应充足，肌糖原或葡萄糖被彻底氧化分解成 H_2O 和 CO_2，并释放大量能量的过程，称为糖有氧代谢。在机体的有氧代谢供能系统中，体内糖原储量较多，一般需要经过持续 $1\sim2$ 小时的低强度运动，肌糖原才耗尽。

第二，体内的脂肪储量丰富，是安静或低中强度运动下的主要供能基质。它的氧化过程对糖有依赖性，其供能的比例会随体育运动强度的增大而降低，随体育运动持续时间的延长而增加。人体内贮存的脂肪作为细胞燃料参与供能只能通过有氧代谢途径，因此，如果要减肥，就必须选择有氧运动，否则就达不到燃烧脂肪的目的，起不到减肥的效果。

第三，在强度大、运动时间长的体能训练中，人体内存在蛋白质降解和氨基酸参与供能的情况。一般蛋白质在长于 30 分钟的高强度运动中才会参与供能，并与肌糖原的储备有关。糖原储备充足时，蛋白质的供能仅占总热能的 5% 左右；肌糖原耗竭时，蛋白质的供能可占总热能的 10%～15%。

（2）有氧代谢系统对机体系统的影响

有氧代谢供能的效果是氧从空气到肌肉的过程中，所经过的每一个系统的影响，有以下几方面：

①对呼吸系统的影响

肺通气量越大，吸入体内的氧量也就越多，这与呼吸频率和呼吸深度有关。由于解剖无效腔的存在，在体育运动过程中主要以加大呼吸深度来消除解剖无效腔的影响，提高氧进入体内的效率。

②对血液系统的影响

血红蛋白执行氧运输任务。血红蛋白的数量是影响有氧耐力的很重要因素。如果血红蛋白的含量低于正常人，必将会影响到运动者的有氧代谢能力。因此，在运动过程中进行定期的测量，了解血红蛋白的含量是必要的，能及时发现，解决问题，做到防微杜渐。

③对循环系统的影响

心脏泵血功能的好坏是影响身体素质的一个十分重要的因素，有研究表明，在运动的初期，有氧氧化能力的增加主要依赖于心输出量的增加。

（二）人体的神经系统

1. 大脑皮质对人体运动的调控

高等动物的运动是由大脑皮质进行调控的。在大脑皮质中，皮质运动区参与调控人体的随意运动，其又由多个部位构成。在大脑皮质运动区中，其结构的基本功能单位是"运动柱"，因细胞呈纵向柱状排列而得名。一个单位的"运动柱"能够控制相应部位肌肉的活动，而一块肌肉可同时受到多个"运动柱"的控制。

（1）大脑皮质主要运动区是控制人体运动的最重要区域

人体的大脑皮质运动区主要有中央前回和运动前区。大脑的运动区会接收到来自关节、肌肉等部位的感觉冲动，从而使得人体能够感受到肢体的位置，动作和空间状态等方面的信息。大脑皮质根据相应的器官、肢体的状态发出相应的指令来对其进行调控，从而使得人体进行相应的运动。一般而言，大脑皮质的运动区主要包括三方面的功能，具体如下。

①交叉性支配

大脑皮质对于人体运动的调节具有交叉性质，主要表现为一侧皮层支配对侧躯体的肌肉。但是，人的面部是个例外，人的下部面肌和舌肌主要由对侧神经支配，但是其余部位的肌肉则是双侧性支配。

②功能定位精确

人体是一个精细的系统，大脑皮质运动区都有精细的功能定位，某一皮质运动区能够支配一定部位的肌肉运动，在各个部位的协调下，使得人体能够完成相应的动作。肌肉越精细、越复杂，则相应的运动皮质区的面积也就越大。

③运动区定位从上到下的安排是倒置的

皮质运动区其功能定位上下安排是倒置的，具体表现为：下肢的代表区在皮质的顶部，头面部的代表区则在皮质的底部，而膝关节以下肌肉的代表区在皮质的内侧，上肢肌肉的代表区在皮质的中间部位。运动区的前后安排为：躯干和肢体近端肌肉的代表区在前部，肢体远端肌肉的代表区在后部，手指、足趾、唇和舌的肌肉的代表区在中央沟前缘。

（2）皮质其他运动区是控制人体运动的辅助区域

运动辅助区位于大脑皮质两半球纵裂的内侧壁，这一区域在编排复杂运动的程序时，以及运动前的准备状态时发挥着一定的作用。顶后叶皮质区也是人体运动的重要辅助区域，其与人体运动的感觉信息具有重要的关系。

（3）运动传导系统是皮质发动随意运动的传出通路

人体在运动时，需要通过一定的传导系统来传导冲动信号，这样才能够实现大脑对机体的控制。人体的运动传导系统有两条通路，即为锥体系和锥体外系。锥体系是指皮质脊髓束和皮质脑干束；锥体外系则是指除了锥体系之外的各种脊髓控制运动神经元活动的各种下行通路。

①皮质脊髓束和皮质脑干束是皮质发动随意运动的主要传出通路

皮质脊髓束是指由皮质中央前回运动区发出，并经过内囊、脑干下行到达脊髓前角运动神经元的传导束；皮质脑干束则是由皮质发出，经内囊到达脑干内各脑神经运动神经元的传导束。

皮层脊髓束大致可分为两个基本部分：其一，为皮层脊髓束的约80%的纤维，这些纤维在延髓锥体跨过中线到达对侧，在脊髓外侧索下行，纵贯脊髓全长，形成皮层脊髓侧束，其纤维终止于脊髓前角外侧部分的运动神经元，其作用是控制四肢远端肌肉的活动，调节肌肉的精细、技巧性运动；其二，为皮层脊髓束的约20%的纤维不跨越中线，在脊髓同侧前索下行，形成皮质脊髓前束，皮层脊髓前束通过中间神经元的接替后，终止于双侧脊髓前角内侧部分的运动神经元，支配躯干和四肢近端的肌肉，尤其是屈肌，参与姿势和粗略运动的调节。

②其他运动传导通路是皮质发动随意运动的另一传出通路

皮质脊髓束和皮质脑干束除了上述的控制人体运动的主要通路之外，还发出侧支，其与一些其他直接起源于运动皮质的纤维一起，经脑干某些核团接替后，形成顶盖脊髓束、红核脊髓束、网状脊髓束和前庭脊髓束，维持姿势并调节近端肌肉的粗略运动，参与对四肢远端肌肉的精细运动的调节。

2. 小脑对人体运动的调控

小脑是皮层下与大脑皮质构成回路的重要脑区，由于它所处位置的关系，使得它不仅与大脑皮质形成神经回路，同时还与脑干及脊髓有大量的纤维联系。因此，小脑对于人体的运动和协调起到了至关重要的作用。小脑对人体运动具有重要的调控作用，其不仅要参与人体运动的设计和程序编制，还参与到运动的执行之中。在运动时，人体的小脑能够调节肌肉的紧张，对机体动作的维持也具有重要的作用。一般可将小脑划分为三个重要的功能部位，即为前庭小脑、脊髓小脑和皮层小脑。

（1）前庭小脑参与躯体平衡和眼球运动的控制

前庭小脑主要由绒球小结叶构成，其主要接收前庭器官传入的有关位置改变和直线、旋转、加速等方面的运动情况的平衡感觉信息，在此基础上来影响躯干和四肢近端肌肉的活动。因此，前庭小脑能够控制人体的平衡。此外，前庭小脑也接受经脑桥核中转的来自外侧膝状体、上丘和视皮质等处的视觉传入，并通过对眼外肌的调节来控制眼球的运动，从而协调头部运动对眼球的凝视运动。

（2）脊髓小脑参与随意运动的调节和肌紧张的调节

脊髓小脑由蚓部和半球中间部构成。这部分小脑主要接受来自脊髓和三叉神经的传入纤维的投射，也接受视觉和听觉的传入信息。可见，脊髓小脑与脊髓及脑干之间有大量的纤维联系，其主要功能是调节正在进行过程中的运动，协助大脑皮质对随意运动进行适时的控制。

脊髓小脑可通过皮层脊髓束的侧支从运动皮层获取有关运动指令，同时接受来自肌肉与关节等处的本体感觉传入冲动以及视、听觉传入的外周感觉反馈信息。通过对这两方面的信息进行比较和整合后，发现大脑皮质的控制指令与运动执行情况之间的偏差，并通过上行冲动修正运动皮层的活动；同时通过下行冲动调节肌肉的活动，纠正运动的偏差，最终使运动能按预定的目标和轨道准确进行。

此外，脊髓小脑还参与肌紧张的调节，既有易化作用，也有抑制作用，分别通过脑干网状结构易化区和抑制区转而改变脊髓前角运动神经元的活动来实现。抑制肌紧张的区域是前叶蚓部，易化肌紧张的区域是小脑前叶两侧部和半球中间部。在进化过程中，由于小脑抑制肌紧张的作用逐渐减退，易化作用逐渐占优势。所以，脊髓小脑受损后表现为肌张力减退、四肢乏力。

（3）皮层小脑参与随意运动的设计和运动程序的编制

皮层小脑，是指脑半球外侧部位，它仅接受由大脑皮质广泛区域（感觉区、运动区、联络区）传来的信息，而不接受外周感觉的传入信息。其传出纤维经齿状核、丘脑外侧腹核换元，然后投射到皮层运动区。

皮层小脑与大脑皮质运动区、感觉区、联络区之间的联合活动和运动计划的形成及运动程度的编制有关。例如，在初学一种较为精细的动作时，首先由大脑对动作做出反应和判断，但此时由于小脑尚未发挥协调功能，因此大脑皮质通过皮层脊髓束和皮层脑干束所发动的运动是不协调的，这就造成了在一开始接触技术动作时表现出的不协调、想法与动作相脱离的现象。在经过一段时间的练习之后，大脑皮质与小脑之间开始发生联合，并且小脑在运动中不断纠正动作和大脑指令之间的偏差，从而使得相应的运动动作逐渐流畅起来。在不断练习的过程中，皮层小脑参与了运动计划的形成及运动程序的编制，并将整套动作程序储存起来。当大脑皮质再发动这套动作时，首先通过下行通路从皮层小脑中提取储存的程序，并将它回输到大脑皮质运动区，再通过皮层脊髓束和皮层脑干束发起运动。

（4）小脑和基底神经节对人体运动功能调节的比较

小脑与基底神经节相同，都参与了运动的设计、程序编制、运动的协调肌紧张的调节以及本体感觉传入冲动信息的处理等活动。但两者在功能上存在一些差别，基底神经节主要在运动的准备和发动阶段起作用，而小脑则主要在运动进行过程中起作用；此外，基底神经节主要与大脑皮质之间构成回路，此时小脑除与大脑皮质形成回路外，还与脑干及脊髓有大量的纤维联系。因此，基底神经节可能主要参与运动的设计，而小脑除了参与运动的设计外，还参与运动的执行。

3. 脊髓对人体运动的调控

脊髓由感觉传入纤维、各类中间神经元和运动神经元组成。它是人体运动调控的最低级中枢。脊髓的功能一方面为将外周感受器的传入信息进行初步的整合，并上传至各级脑区；另一方面，又将上位中枢下传的控制机体运动的信息通过运动神经元传出到相关的肌肉，以此达到通过肌肉对运动的调控目的。除此之外，它还可以支配躯体完成一些原始的如牵张反射和屈肌反射等的反射性运动。

（1）牵张反射

牵张反射，是指当骨骼肌受到外力牵拉伸长时，能反射的引起受牵拉的同一块肌肉发生收缩的现象。肌肉收缩的反应效应受牵拉的形式不同而显现出不同的效果。因此，可以将牵张反射分为动态牵张反射和静态牵张反射两种类型。

①动态牵张反射

动态牵张反射也称腱反射，是指快速牵拉肌腱时发生的牵张反射。例如，叩击膝关节以下的股四头肌肌腱以使该部位的肌肉受到牵拉，则股四头肌发生一次快速收缩，称为膝跳反射；叩击跟腱使小腿腓肠肌受到牵拉，则该肌肉发生一次快速收缩，称为跟腱反射，这两种反射均属于动态牵张反射。牵张反射的特点是，时程较短，并且能够产生较大的肌力，并发生一次位相性收缩。正是基于这些特点，使得医学临床上经常通过牵张反射来了解脊髓的功能状态，如在检查中表现为反射减弱或消失，则提示相应节段的脊髓功能受损；如果反射亢进，则提示相应节段的脊髓失去了高位中枢的制约。

②静态牵张反射

静态牵张反射也称为肌紧张，是指由于缓慢、持续地牵拉肌肉而引起的一种反射活动。在正常状态下它经常受到上位中枢的调控。静态牵张反射主要作用是通过调节肌肉的紧张度，维持躯体的姿势，并不表现出明显的动作。在肌紧张发生过程中，由于肌肉内的不同运动单位（一根 α 运动神经元与它支配的肌纤维，统称为一个运动单位）轮换地进行收缩，所以反射活动不易造成疲劳，因此可以持久维持。

在面对一些需要较大力量的运动时，就需要尽可能地快速牵拉肌肉，然而这种快速也是要在一定范围内进行的。如果肌肉在收缩前适当受到牵拉，可以增加其收缩的力量。例如，投掷标枪时的引臂动作、跳远和跳高起跳前的屈膝动作，都是利用牵张反射的原理，牵拉主动肌中的本体感受器（肌梭），将信息通过传入神经纤维传向中枢，加强支配该肌的运动神经元兴奋，使其收缩力量加大。但应注意牵拉与随后收缩之间的延搁时间一定要短，否则，牵拉引起的增力效应就会消失。

（2）屈肌反射

屈肌反射，是指当皮肤或肌肉受到伤害性刺激时，引起受刺激一侧的肢体快速回撤的现象。屈肌反射的最大用途在于对身体的下意识性保护，它能够使肢体在最短暂的时间内避开伤害性刺激。这种反射的强度与刺激强度成正比，如足部较弱的刺激只引起踝关节的屈曲，而当刺激强度加大时，则不仅是踝关节屈曲，甚至连膝关节和髋关节也可发生屈曲；如刺激强度更大，则可在同侧肢体发生屈肌反射的基础上，出现对侧肢体伸展的反射，称为对侧伸肌反射。这一反射较利于支持体重，维持姿势。

4. 脑干对人体运动的调控

在脑干中轴部位中存在有许多形状不一、大小各异的神经元，这些神经元组成了脑区，脑区中穿行着各类走向不同的神经纤维呈网状，因此，这一部位被称为脑干网状结构。在这一脑区有许多神经核团，它既获得来自脊髓各节段的传入信息，同时也发出下行纤维组成传导束，调节和控制脊髓神经元的活动。

（1）脑干对肌紧张的调控

实验证明，脑干网状结构存在着抑制区和易化区两个部分，这两个部分对肌紧张进行着调控。抑制区范围较小，仅位于延髓网状结构的腹内侧部。电刺激此区域肌张力显著降低，肌梭感受器传入冲动频率减少；若破坏该区引起肌张力增加，这表明延髓网状结构腹内侧部的活动能减弱肌牵张反射。易化区分布的范围广泛，贯穿于整个脑干中央区域，包括延髓网状结构的背外侧部分，脑桥被盖，中脑的中央灰质及被盖（此外底丘脑、下丘脑和丘脑中线核群也具有对肌紧张的易化作用）。如果对以上部位进行电刺激，会引起肌紧张加强，如破坏此区则肌张力显著降低，这表明该区域活动增强时，起着易化肌紧张的作用。从活动的强度来看，易化区的活动比较强，抑制区的活动比较弱，因此在肌紧张的平衡调节中易化区略占优势。

正常情况下，脑干网状结构接受来自大脑皮质、小脑、纹状体和丘脑的下行影响，然后再以其活动影响脊髓反射活动。如果在脑干以上的位置切除大脑和小脑，网状结构的下行抑制作用就会明显地减弱。例如实验中，在动物中脑四叠体的上、下丘之间切断脑干，造成去大脑动物，此时动物全身伸肌的紧张性显现出亢奋状态，临床表现为四肢僵直，颈背肌肉极度紧张收缩，导致头部向背面弯曲，腿部位置也向背面翘起成背弓反张。这是一种以伸肌为主的肌肉紧张亢进现象，被称为去大脑僵直。这种现象表明了机体不同肌群的肌紧张是受高位中枢调节的。

（2）姿势反射

姿势反射，是指在躯体活动过程中，脑干可以通过调整不同部位骨骼肌的张力以完成各种动作或保持、变更躯体各部位位置的反射。姿势发射根据其表现形式不同又可分为状态反射、翻正反射、直线运动反射和旋转加速运动反射等。为更好地理解姿势反射，我们就主要以状态反射和翻正反射为例进行探讨。

①状态反射

状态反射是指头部在空间的位置发生改变以及头部与躯干的相对位置发生改变，可反射性地改变躯体肌肉的紧张性的反射。

状态反射包括迷路紧张反射和颈紧张反射。迷路紧张反射是内耳迷路的椭圆囊和球囊的传入冲动对躯体伸肌的紧张性的反射性调节，其反射中枢主要是前庭核；颈紧张反射是颈部扭曲时颈部脊椎关节韧带和肌肉本体感受器的传入冲动对四肢肌肉紧张性的反射性调节，其反射中枢位于颈部脊髓。

人类在正常情况下，状态反射常受高级中枢的抑制，不易表现出来，但在完成一些运动技能时则起着一定的作用。如在体操运动员进行跳马项目时，如果头部位置不正，就会使两臂伸肌力量不一致，身体随之失去平衡，常常会导致推马后落地站立不稳或无法完成动作。其实完成任何运动技能，都是在大脑皮质参与下实现的，在一些动作中，甚至可以表现出与状态反射相反的规律。

②翻正反射

翻正反射亦称复位反射，是指当人或动物处于不正常体位时，通过一系列协调运动将体位恢复常态的反射活动。翻正反射的过程是会按照一定的步骤进行的，这个步骤首先是由于头部位置不正，使得视觉和耳石器官受到刺激产生兴奋，当这种兴奋传入冲动后会反射性地引起头部位置率先复正，然后带动颈肌扭曲复正，从而使颈肌内的感受器发生兴奋，继而导致躯干翻转复正，最终使身体恢复常规状态，即稳定地站立。在翻正反应中，视觉起着非常重要的作用，因为身体判定是否处在非正常姿态几乎无不依赖于视觉。

在许多体育运动项目中，都是依靠人体的翻正反射为基础进行的，如跳水和体操运动中的许多转体动作，都要先转头，再转躯干，然后再转下肢，最终形成一种头朝下入水或脚朝下着地的技术动作。

③脑干对节律性运动的调控

节律性运动又称形式化运动，这是一种一经发起后便不再需要过多意识的参与且能够自动地、以固定的模式重复进行的运动。例如，人类的走和跑等运动。在脊髓内存有模式发生器，具有自动地、协调地引起伸肌和屈肌运动神经元节律性地传出兴奋的能力，但在整体情况下，它的活动受到脑干的中脑运动区（MLR）的激活和控制。MILR 的下行指令由脑桥和延髓网状结构的兴奋性神经元沿脊髓腹外侧索下行到脊髓，激活控制行走的脊髓中枢模式发生器（CPG），CPG 能将下行通路的紧张性放电转变为运动神经元的节律性发放，以产生节律性行走运动。而 MLR 又能被大脑皮质运动区的意向性指令所激活。所以，行走运动可以随意地发动和终止。

5. 基底神经节对人体运动的调控

（1）基底神经节是皮层下调节人体运动的重要脑区

基底神经节是深藏在大脑皮质下的一些神经核群，与运动调节有关的主要包括尾状核、壳核、苍白球、丘脑底核和黑质。其中，尾状核、壳核和苍白球统称为纹状体。基底神经节则是鸟类动物运动调节的高级中枢，而在哺乳类动物，随着大脑皮质的发育，基底神经节降为皮层下的运动调节结构，是皮层下与大脑皮质之间构成神经回路的重要脑区之一。

基底神经节接受大脑皮质广泛区域的兴奋性纤维投射，同时经其几个核团之间的交替后又由传出纤维回到大脑皮质运动前区和前额叶。在此神经回路中，有直接通路和间接通路两条途径。直接通路的活动最终能易化大脑皮质发起运动；而间接通路的活动对大脑皮质发起运动起抑制作用。

（2）基底神经节参与运动的设计和程序编制

基底神经节参与运动的设计和稳定肌紧张的调节以及本体感受传入冲动信息的处理过程。例如在清醒时，记录苍白球单个神经元的放电活动时观察到，当肢体进行随意运动时神经元的放电频率发生明显的变化，并且其放电发生在运动开始之前，说明基底神经节与随意运动活动的设计有关。电刺激纹状体的动物实验中观察到，单纯刺激纹状体并不能引起运动效应，但如在刺激大脑皮质运动区的同时，再刺激纹状体，则皮层运动区发出的运动反应即被迅速抑制，并在刺激停止后抑制效应还可继续存留一定时间。根据这些观察，结合人类基底神经节损害后的临床表现可以认为，基底神经节可能参与运动的设计和程序编制，将一个抽象的设计转换为一个随意运动。此外，基底神经节还参与自主神经活动的调节、感觉传入，行为和学习与记忆等功能活动。

二、体育运动与运动学

（一）运动技能本质

1. 形成运动条件反射与运动技能

（1）运动的反射本质

运动技能，又称"动作技能"，指人体按一定技术要求完成动作的能力，或指掌握得足够好的运动本领。从生理学的观点来说，运动技能是运动反射的新形式，它是根据条件反射的机制建成的。在形成运动技能时，产生和巩固着条件反射的体系。生理学家巴甫洛夫把这些条件反射体系称为动力定型。动力定型的不断改进和完善是形成运动技能的基础，如果运动员在训练初期具有良好的动力定型，那么之后的训练过程中，运动员往往就能顺利地完成运动技能。

运动员所建立的运动技能之间也存在着相互联系、相互促进、相互影响的关系。在运动训练中，运动员需要不断地重复相应的技术动作，使得形成这些动作的条件反射可以在大脑皮层的优势兴奋区以外，即大脑皮层的降低兴奋区域内进行。即与条件反射有联系的动作可以不在意识的控制下，自动进行，达到自动化地步。动作的自动化有助于运动员节省更多的时间和精力将意志集中到意志用力上去，这是运动员提高运动技能的重要基础。

（2）运动技能的特点

运动技能与一般运动条件反射并不是等同的，运动技能区别在于其复杂性、连锁性和本体感受性。

①复杂性

运动技能是由多个中枢（运动中枢、视觉中枢、听觉中枢、皮肤感觉中枢和内脏活动中枢）参与形成的运动条件反射活动。

②连锁性

运动技能的反射活动是连续的，前一个动作的结束便是后一动作的开始。

（3）本体感受性

在条件反射过程中，肌肉的传入冲动（本体感受性冲动）起到重要作用，没有这种传入冲动，条件刺激得不到强化，同时由运动中枢发放神经冲动传至肌肉效应器官引起活动的复杂过程条件反射就不能形成，也就无法掌握运动技能。

因此，运动技能与条件反射的关系就是：运动技能就是建立复杂的、连锁的、本体感受性的运动条件反射。

2. 运动技能的信息传递与处理

所谓的信息处理就是人对外界环境刺激到发生反应的过程。在这个过程中人就是信息处理器，人对外界环境的刺激到发生反应的过程就是信息处理的过程。这一过程对运动技能的学习也是至关重要的。

形成和再现运动技能的信息源（刺激）的来源分别来自体外和体内。所谓体外信息源主要是他人传输给运动者的信息；体内信息源则是大脑皮质对运动、机体的感知。

（二）形成运动技能的过程及其发展

较为复杂的运动技能是一个动作接连另一个动作的肌肉所感觉的运动条件反射，它在形成过程中，人体肌肉需要经历感觉不明、分化、巩固、稳定和自动化的过程，这几个过程阶段之后，最终建立相应的运动技能。

1. 泛化阶段

学习和掌握相应的动作技能，开始阶段相关人员最好进行相应的分解示范，在此基础上进行相应的自我实践，从而形成一定的感性认识，这时形成对动作技术的印象，但是对技术动作的内在规律并没有形成深化认识。人体通过感受器感受相应的运动刺激，之后神经大脑皮质会产生一定的兴奋，由于大脑皮质内抑制尚未确立，所以大脑皮质中的兴奋与抑制都呈现扩散状态，这一阶段的条件反射机制并不稳定，出现泛化现象。

这一阶段的动作运动技能会相应地比较僵硬、生涩，肌肉运动会具有一定的不协调，并且做动作会相当吃力。

2. 分化阶段

在进行初步的动作技能掌握和学习之后，运动员对动作技能形成了一定的初步理解和掌握，对动作的内在规律也有了初步的掌握。这时，中枢神经的抑制过程得到加强，大脑皮质的活动由泛化阶段进入了分化阶段，因此运动员能比较顺利、连贯地完成完整动作技术。这一阶段为初步建立动力定型的阶段，但定型尚不巩固，如果改变动作的环境或是有心的刺激因素，会导致动作的错误。

3. 巩固阶段

在经过大量的反复练习之后，人体的运动条件反射机制已经得到一定的巩固，动作技术更加准确、优美，某些环节还可出现不需要意志支配就能做出动作，在环境条件变化时，动作技术也不易受破坏。同时，由于内脏器官的活动与动作配合得很好，完成练习时也感到省力和轻松自如。

总之，运动技能形成的过程之间是相互联系的，以上的三个阶段并没有一定的界限。运动员如果训练水平较高，则其在掌握新的运动技能时所用的时间会相对较短，对动作的精细分化能力较强；初学者则泛化过程较长，分化能力较差，掌握动作较慢。动作技能相对比较复杂时，泛化阶段就会相对比较长，分化的难度也会有所加大。

4. 动作自动化发展

在完成了运动技能的泛化、分化、巩固阶段后，就会产生动作的自动化现象。所谓自动化现象，就是练习某一套动作时，可以在无意识的条件下完成的一种行为。在运动技能得到巩固后，具体的刺激系统和抽象刺激系统之间的联系，已经成为运动动力定型的统一机能体系。具体的兴奋可以选择性地扩散到抽象刺激系统，所以运动员可以精确地意识到自己所完成的动作，并可以用语言表达出来。

当动作出现自动化现象时，具体的刺激活动已经在抽象刺激的影响下相对地解放出来了。完成自动化动作时，具体的刺激活动的兴奋不向抽象刺激系统传递，或者只是不完全地传递，这时的动作技能表现出一定的"无意识性"，或是意识不完全。

需要指出的是，虽然动力定型已经非常巩固，但由于进行自动化动作时具体的刺激经常不能传递到抽象刺激系统中去，因此，如果动作出现细微的错误，很可能一时不能觉察，等到一旦觉察，可能变形的动作已因多次重复而巩固下来。因此，在动作自动化的发展中，也要时刻保持动作质量的检查和纠正。

运动训练实践就是使动作技能建立广泛的暂时联系，并把它们达到自动化的地步。在训练时，完成各种练习的暂时联系体系逐渐地与专项运动技能结合起来，为专项运动技能的提高创造了条件。当各种技能达到动作自动化的地步时，专项运动成绩就会得到相应的提高。因此，为了顺利进行训练，必须经常地重视获得和全面训练相结合的动作自动化。但并不是所有的全面训练都对专项运动技能的改善具有促进作用，只有采用恰当的训练手段时，全面训练才会对专项运动成绩的提高具有重要意义。

（三）运动技能的分类

1. 连续、非连续和序列技能

人们根据运动开始和结束的位置，将运动技能分为连续性运动技能、非连续性运动技能、序列性运动技能三类，具体内容如下。

（1）连续性运动技能

连续性运动没有明显的开始和结束，其动作呈现出不断重复的特征，运动时间相对较长，具有一定的周期性特征。

（2）非连续性运动技能

非连续性运动没有明确的开始和结束，各动作也是有多种简单的动作构成，运动时间相对较短，并没有一定的周期性。

（3）序列性运动技能

多个非连续性运动构成了序列性运动，该运动在各个环节都有一定的顺序和节奏，注重各个环节之间的连贯性。

2. 封闭性与开放性运动技能

人们根据运动技能对外界环境的依赖程度而将运动技能分为封闭性运动技能和开放性运动技能。

（1）封闭性运动技能

封闭性运动技能主要依靠人体的感受器来实现信息的反馈和调节，通过多次练习便能够使得该运动技能稳定、协调。

（2）开放性运动技能

开放性运动技能依赖于外界环境提供的各种信息，在此基础上，人体综合各种外界环境因素做出相应的运动调节，以更好地促进运动技能的发挥。在进行开放性运动技能时，运动者需要实时观察外界环境以及队员的变化，对运动者的应变能力和预见能力等均具有较高的要求。

3. 小肌肉群和大肌肉群运动技能

根据操作某项运动技能时人体参与肌肉群体的大小，将运动技能分为小肌肉群运动技能和大肌肉群运动技能。

（1）小肌肉群运动技能

小肌肉群运动要求对较小的肌群进行控制，对精确性要求较高，需要用到人体的手指、手腕、眼等。常见的小肌肉群运动有射箭、射击等。

（2）大肌肉群运动技能

大肌肉群的运动技能需要较大的肌肉系统参与才能实现，需要各动作之间协调、流畅地配合，常见的大肌肉群运动有行走、跳跃、大力扣球等技术动作。

第三节　体育与社会诸要素的相互关系

一、体育与经济

（一）经济是体育发展的基础

经济是体育发展的基础，经济状况对体育的发展起着决定性作用，制约和促进体育的发展。具体而言，经济对体育发展的促进作用主要体现在以下几方面：

1. 经济决定体育发展的规模

物质资料生产活动是人类最基本的实践活动，是人类社会存在和发展的基础，也是政治、经济、文化、教育和体育等活动的基础。作为社会大文化一部分的体育，是社会物质文明和精神文明发展的产物。它的产生和发展是以社会生产力的一定发展水平为基础的。一个时代、一个国家体育运动发展的水平和规模，取决于当时的经济发展能为体育运动提供多少人力、财力和物力的支持，也取决于社会经济条件所决定的社会成员对体育需求的性质和需要的强度。

2. 经济制约竞技运动的水平

一个国家竞技运动水平的高低，主要取决于经济发展和社会发展等多种因素，但归根到底还是取决于经济发展水平。影响竞技运动水平的直接因素，包括民族的体质、体育运动的基础、运动训练的规模、训练的物质条件和科学训练的水平等，这些因素与某个国家的经济实力有着极为密切的关系。在当代条件下，竞技运动的水平越来越依靠运动训练的物质技术条件和科学训练水平。

3. 经济决定社会对体育的需求和体育的结构

社会对体育的需求是体育发展的动力。社会对体育需求的强度则取决于经济发展水平。人类首先要满足食物等生存资料的需要，然后才能顾及包括健身娱乐等在内的享受和发展的需要。在社会生产力很低的条件下，人们主要为生存而斗争，享受需要和发展需要自然受到了抑制。随着现代社会生产力的不断发展，人均国民生产总值和人均收入的增长，反映食物在家庭消费中比重的恩格尔系数随之下降，社会成员对包括体育健身娱乐、观赏竞技运动在内的享受和发展的需求也会不断增长。

4. 经济决定体育运动的体制和运行机制

我国基本经济制度和经济体制决定了体育运动体制的变化和走向。第一，国家财政拨款兴办的体育事业的社会公益性质虽未发生变化，但其中的大多数单位都开始面向市场，走向市场，部分地引入市场机制，通过市场向社会提供适合消费者需要的各类体育服务，以增强自身的活力。第二，一部分观众多、影响大和宜于产业化的运动项目，开始走上了产业化发展的道路，转变为自主经营的企业型的职业运动俱乐部。第三，适应市场消费需求，各类投资兴办的私营、个体、外资和合资经营的健身健美中心、武馆、游泳池、轮滑场、保龄球馆、网球场和高尔夫球场等营利性健身娱乐企业应运而生，并迅速发展。第四，作为对市场经济的补充，各种非营利性民间组织正在兴起，这是群众体育服务体系的重要形式，具有广阔的发展前景。这类非营利性民间体育组织具有非营利性、正规性、民间性、自治性、公益性和志愿性等特点。

（二）体育对经济发展的作用

1. 体育可以提高劳动者的素质和劳动生产力

第一，体育可以培养劳动力。大学生经常参加体育锻炼，有利于身心的健康发展和意志性格的培养。形成良好的身体形态，发展身体的运动能力，练就健壮的体魄，使之成为体格健壮、肢体灵活、反应灵敏的劳动力。

第二，体育可以增强劳动力。体育锻炼能改善人体各系统器官的功能，增强肌肉的力量，使劳动者体力强盛，而强盛的体力又是精力旺盛的基础。

第三，体育可以保护劳动力。经常参加体育锻炼，能增强对自然界的适应能力和抵抗疾病的能力，可以避免或减轻由于职业特点对身体局部的损害或畸形发展，减少疾病，降低患病率。

第四，体育可以"修理"劳动力。适当的体育锻炼对于某些慢性疾病具有一定的医疗和康复作用。

第五，体育可以"恢复"劳动力。无论是参加体育活动或观赏竞技比赛，都可以得到精神上的放松和快乐。随着生产自动化的发展和竞争的加剧，人们的精神和注意力处于高度的紧张状态，极易产生疲劳，体育活动有助于消除人们精神上的疲劳，恢复和保持充沛的体力和精力。

第六，体育可以延长人的劳动寿命。长期坚持体育锻炼，可以延缓人的衰老过程，维持机体功能，预防老年疾病的发生。

2. 体育的发展可以形成一项新兴的产业

体育运动的发展必然会逐渐形成一个包括竞技运动和健身、娱乐性体育的服务体系。这样一个体育服务体系从经济上看就是一种产业，即体育产业。严格意义上的产业是指具有某种同一属性的企业的集合。但广义来看，产业不仅指工业，而且泛指国民经济的各行产业，从生产、流通到服务，以至于教育、文化、卫生和体育等部门，均可称为产业。

3. 体育可以带动相关产业的发展

在现代体育快速发展的背景下，与体育有关的产业部门也得到了快速的发展。这些部门的市场发展前景非常可观。首先，体育运动的发展可以带动运动器材设备、运动服装等体育用品业的发展。随着我国体育运动的发展，一个"体育用品热"正在我国形成。许多运动器材供不应求，不但集团购买量不断增长，个人和家庭的购买量上升得更快。在各类体育运动用品中，运动服装销量的增长稳居首位。其次，体育竞赛，尤其是国际国内的各种大型运动竞赛，需要建设大、中型体育运动设施，需要改善城市配套设施，从而带动建筑业、商业、市政建设、交通、通信、旅馆及饮食业、旅游业的发展。

体育运动与经济发展之间的关系非常密切，二者之间是互相渗透、互相制约和互相促进的关系。经济是体育发展的基础，但体育对经济的发展也有积极的促进作用。

二、体育与教育

（一）体育是教育的重要组成部分

所谓人的全面发展和全面教育，就是我们通常所说的德、智、体全面发展和包括德育、智育、体育的三方面的全面教育。我们要把教育理解为以下三件事：第一，智育。第二，体育，即体育学校和军事训练所教授的知识。第三，技术教育，这种教育要使儿童和少年了解生产各个过程的基本原理，同时使他们获得运用各种生产的最简单工具的技能。

"三育"是否全面，是一个值得商榷的问题。但不管怎样，人的全面发展和全面发展的教育是毫无疑问的。而体育是全面发展教育中不可或缺的重要部分，也是毫无疑问的。

（二）体育与德育、智育、美育的关系

同属教育的一部分，体育和德育、智育、美育不可能是互相毫无关联的独立存在。它们互相影响、互相支持和互相制约，甚至有相当的边缘交叉、重叠以及互动。

1. 体育与德育的关系

德育的目的是使受教育者建立良好高尚的道德修养，其中又主要包括两个部分：一是人类在历史长时期中形成和发展的，具有一定的稳定性，绝大多数历史时期和绝大多数国家民族所认同和遵循的普遍道德与基本道德，它应该包括如诚实、勇敢、团结、上进、有爱心等这样一些内容；二是特殊道德、特定道德，它只是为社会的特殊历史时期和特定的社会集团与人群制定。在学校教育中，体育与德育之间是密不可分的，体育是德育重要的辅助手段，同时德育又寓于体育之中，二者共同贯穿于体育教学之中。一般而言，体育能培养学生良好的道德观念和精神素质。这主要体现在以下几方面：

（1）团结精神、集体观念和集体荣誉感

在体育教学中，球类等集体项目，其战术和阵型等实际上就是队员配合方式的变化，整个队伍的紧密团结，是取得比赛胜利的基本保证。通过这些集体体育活动的开展，无疑能够增强参加者的集体意识和团结精神。学校的体育活动，通常是以小组、班级、年级和学校之间的比赛形式来开展的，在这时，不管是运动员还是啦啦队，都有着一个重要的目的，那就是为集体争得荣誉，这非常有益于培养大学生的集体荣誉感。这是爱国主义精神的基础。放大到国际比赛的领域，运动员的拼搏也好，观众的期盼欢呼也好，都是希望为国家争取荣誉，升起本国国旗，奏唱本国国歌。

（2）服从命令、遵守纪律、团队精神

"军人以服从命令为天职""时间就是军队"，军队官兵严密严格的组织性、纪律性和时间观念，是保证战争胜利的重要前提。军队训练是从队列训练开始的，学校体育同样往往从队列训练开始。严格遵行教练员的部署，遵守队形和战术纪律，服从裁判员的判罚等，这些都可以使学生具有团队精神，养成服从命令、遵守纪律的习惯和品质。

（3）沉着、自尊、自信、自我约束和控制能力

一般来说，大部分体育运动项目，不仅需要参与者具备出色的体力和技术，同时还要求出众的心理素质。如足球比赛中的点球射门就是其中最为典型的例子。因此，学生经常参加体育运动锻炼，能有效地锻炼和培养自己冷静处理问题的能力。另外，学生通过参加各种体育运动比赛，还能从中体验到胜利的喜悦，获得强烈的自信心和心理满足感，从而为学习和生活奠定良好的基础。

2. 体育与智育的关系

体育的任务是使受教育者有健康的身体、强壮的体质；而智育的任务是使受教育者发展智力，增长科学文化知识，掌握职业技术技能。表面上看起来二者似乎并无什么关系，似乎在时间的占用上还有着直接的冲突。实际上，体育和智育并不是一个对立的关系，处

理得好，体育对智育还有着直接和积极的促进作用。

科学文化知识的掌握，发明创造力的开发，从纯粹生理角度来讲，这些都主要取决于人脑的发育程度。大量的研究和实践证明：经常参加各种形式的体育运动，能有效改善人体大脑部位神经中枢的发展情况，改善和提高中枢神经系统功能，提高人体大脑皮质的工作能力。如此，就能使神经工作过程更加均衡和灵活，从而使思维、注意力、视听、记忆、判断、分析、综合和感觉反应等大脑结合能力得到有效提高。

3. 体育与美育的关系

经常参加体育运动，能够对人的身体和身体语言进行美的塑造，具体而言，就是使人的体格美、姿态美、动作美和风度美。在体育教学中，受教育者还能培养和提高自己的审美意识和艺术创造力。作为教师，则是在体育教学中进行美的展示，潜移默化地影响学生。由此可见，体育与美育之间也有着极为密切的关系。

（三）体育与平等观念及法制精神的培养

在21世纪，我国经济体制改革、政治体制改革的力度会逐步加大，在这样的形势下，体育应该被发掘出它的新价值，被赋予新的使命。在我们向富强、民主、文明的理想社会前进的过程中，要大力加强民主与法制的教育，培养平等的习惯。在这一点上，体育将扮演一个特殊的角色，发挥其独特的作用。体育能够教育人懂得平等、公正、公开的法的精神，这或许就是我们学习民主、走向民主的起点。

三、体育与艺术

在人类历史发展的长河中，体育和艺术有着共同的渊源，只是在进入文明时代后，它们才各自分开成为支流，区分为不同的文化形态。但即便是在今天，体育和艺术仍然有着非常密切的关系，彼此有着相当程度和相当复杂的影响。

体育与艺术，都有"娱乐"的共性，并且都有着教育的功能或作用。艺术渗透于体育之中，给身体运动带来很大的吸引力，使体育更具有审美的价值，能在"寓教于乐"之中发挥更大的效益。而艺术则将体育作为表现对象，使体育带上了更加浓厚的文化色彩，也强化了体育的普及和宣传的力度。

（一）体育与艺术的联系

1. 体育与建筑艺术

体育与建筑艺术之间也有着密切的联系，人们参加体育活动都是在一定的场所中进行的，从古至今，场馆建筑都是进行体育活动的必备条件。没有了场地场所，体育活动也就无从谈起。可以说，所有的体育建筑都体现出建筑的艺术，体育建筑是实用性与观赏性的统一，在设计时，设计师要将实用性和审美性都考虑在内。现代大型的体育场馆，大都是由一流的建筑艺术家来设计的，都充分考虑了建筑的实用性与观赏性的结合。

2. 体育与舞蹈艺术

舞蹈与某些体育活动非常相似，二者有着极为密切的联系，原始社会的许多身体活动，就很难说清楚到底属于体育还是属于艺术。直到今天，体育与舞蹈仍然相互渗透、相互影响。

舞蹈和体育都以人的身体运动为手段，都不同程度熔铸着力与美。在舞台上，在各种表演演出的场合，舞蹈无疑是纯粹的艺术。而民族民间的习俗舞蹈、生活中自娱性质的社交舞蹈、学校体育课和团体操中的集体舞蹈之类，则与体育活动几乎没有多大区别。一般来说，在现代竞技体育中，舞蹈主要起着"装饰"和"调节"的作用。在一些评分类体育运动项目中，运动员在做完一些高难度技术动作之后，往往需要通过一些舞蹈动作来修饰和美化整项技术，以给评委强烈的视觉冲击，从而获得评委的青睐。在整套技术动作之中。舞蹈动作起着重要的串联作用。在一般的运动训练中安排舞蹈动作练习，既可以增添训练情趣，调节紧张而单调的气氛，又可以作为准备活动和放松活动，发展运动员的灵敏和柔韧等身体素质，有利于提高运动成绩。在学校体育课中，组织学生练习优美健康的舞蹈，有助于促进学生身体的灵活性和敏感性，使他们动作协调，举止优雅，身体匀称而敏捷。当然，培养学生，特别是体育专业学生的审美能力，作为其艺术教育的手段，舞蹈尤其适宜。

3. 体育与音乐艺术

音乐与身体运动从来就有着不解之缘。在古希腊奥运会上，在跳远比赛中便使用长笛伴奏。音乐成为音响的物质手段，音乐使体育具备了美感。而现代的艺术体操、花样游泳等运动项目，更是与音乐不可分割，音乐成为这些运动项目的重要组成部分。大量的实践表明，音乐对人体运动能产生良好的效果，在平时的运动训练中辅以音乐，能帮助运动员形成大脑兴奋的状态，激发身体的潜力，从而提高运动水平。专为体育活动而创作的音乐作品也不断出现。比如我国的《运动员进行曲》，演奏多年仍经久不衰。足球和篮球等体育俱乐部球迷协会的会歌，则数不胜数，并深受各俱乐部球迷的喜爱。

如何使音乐和完整而有变化的身体动作形象结合起来，使之成为统一的有机体，如何通过音乐伴奏增加运动的表现力，如何使音乐参与一系列动作的编排组合，则是需要音乐作曲家、演奏家与体育工作者进一步付出努力的工作。

4. 体育与雕塑艺术

从古至今，雕塑都与体育运动之间有着密不可分的关系，它一直都是表现体育运动美的重要艺术种类。古代奥运会就有给优胜者树立塑像的先例。在古代竞技场中，经常看到裸体的动作，这些裸体动作无不表现出力量、健康的形态。长期以来，雕塑家们不断改善和发展人的肉体美的观念。从目前发掘出的大量的古希腊雕像中，我们就可以看到许多竞技体育健儿的生动形象。其中《掷铁饼者》至今仍广受赞誉，成为体育雕塑的典型范本。发展到现在，大部分的体育雕塑主要置于体育建筑周围作为装饰和美化环境之用。我国雕塑家创作的表现竞走运动员的《走向世界》和表现射箭运动员的《千钧一发》两尊雕像，已被国际奥委会选送瑞士洛桑，永久陈列在奥林匹克公园。

5. 体育与绘画艺术

最初，绘画与雕塑都是主要用来表现人体的，因此，它也常常使用体育活动与人物作为对象与题材。健壮的形体，蕴蓄着跃动着的生机和旺盛的生命力，是美术家孜孜以求的一个永恒话题。画家们的各种艺术作品，为人们留下了珍贵的体育资料。通观中国古代的绘画艺术，其中有很多是以体育活动为题材的。

6. 体育与文学艺术

一些文学作品能很好地反映体育生活，体育运动也充实了文化作品的内容，二者之间是相互促进的关系。研究体育发展的历史，有时候也可以借助于文学作品中对当时历史条件下体育的描述。这对于研究体育的发展是非常有帮助的，如我国古代《诗经》中就有传统体育运动项目的雏形；《水浒传》中的人物，则都是武艺高强的侠义英雄；中国古代的诗词曲赋中，描写体育的词句俯拾皆是。

（二）体育与艺术的区别

艺术和体育之间有着密切的关系，但并不能将二者混为一谈，体育和艺术之间还是有着本质的差异的，这是由各自不同的目的所决定的。

体育主要以身体运动为手段，从而达到增强体质的目的。可以说，体育与艺术的根本区别就在于此。在体育运动会上安排艺术表演，不仅能从本质上改变体育的本质属性，还能使体育项目本身增添色彩。如艺术体操、花样游泳等运动项目就是如此。可以说这些项目与表演艺术有着同样的魅力，但它们却是竞技体育运动项目，这一点无论如何不会改变。因为，运动员表演的目的是为了获得尽可能高的分数，在竞争中夺取好名次。在冰上舞蹈的评分中虽然有"艺术印象分"，但同时还有"技术水平分"，前者建筑在后者基础上并受其制约。在体育运动实践中，审美并不是体育项目本身的主要目的，它往往受制于功利的需要。运动队和运动员往往在乎的是比赛成绩，如果没有理想的比赛成绩，再优美的技术动作也枉然。而艺术则主要反映人的感情活动，渗透着人的思想感情。艺术这一特性是与体育大相径庭的。譬如，舞蹈是用来表现人体美的艺术，它与体育表演之间是完全相通的，但其目的则是为了抒情。因此，舞蹈中无论加入了多少体操式的动作，它也不会变成体操，它一旦违背了抒情的原则，便会因为无法塑造艺术形象而不再称其为舞蹈。而一位运动员及其运动动作，只有被塑造成艺术作品，我们才会把全部注意力集中于他本身形象的美。这是现实美和艺术美的主要不同，也是审美意义上的体育与艺术的重要区别。

体育虽然与艺术之间有着本质的区别，但艺术体操、花样游泳等运动项目却拥有迷人的艺术魅力，这种艺术魅力主要表现在舞蹈动作以及音乐的创编上面。因此，对于一些评分类体育项目，以及中国武术的套路演练，是可以赋予"亚艺术"或"准艺术"这样含有比较性质的相对概念。

第四节 体教融合视域下高校体育教学改革路径研究

一、体教融合的理论依据

体教融合坚持树立"健康第一"的教育理念，是一个极为复杂的系统工程，对象定位为大学生。通过采取多元主体共治的方式，以体育部门与教育系统为两大主体，成立双责任组织关联，制定微观层面的措施对策。结合多层次、全领域、全阶段、全方位联合助力，促进体教融合一体化设计、落实和推进，以形成整体力量，使体育与教育循环互动，在功能上互相补充，实现"1+1＞2"的目标。体教融合能落地生根，可以促进大学生增强体质、健全人格、自信动机、享受体育运动的乐趣，最终开创高校体育发展的新局面。

二、体教融合对于大学生体育的启示

（一）高校大学生体育教学

1. 公共体育教学选课定位

大学生没有更高的升学压力，这样会有更多的时间进行体育锻炼，或参加各种活动，提升综合素质。大学一、二年级有体育课，很多高校不同专业选择的项目并不能满足学生的需求。对于专项的培养较少，身体素质训练是体育锻炼的基础，高校须平衡基础身体素质训练与专项培养。

2. 体教融合理念对大学体育发展的渗透

我国传统的教育理念是在体育、德育、智育、美育等方面全面发展，但更加突出智育方面，学习成绩第一，从小学到大学一直作为考核学生在校学习情况的主要评价标准，体育教育在学校教育中处于较薄弱环节。学生从一路高压的环境下冲刺迈进高校，学习生活和业余生活的方式有了较大的改变，自由支配的时间及课程选择的自由度与以往的中学学习都有着较大的区别，充分挖掘学生体育项目的特长，将体教融合理念渗透到体育课堂，对学生的终身教育有重要的作用。

三、高校落实体教融合的实践原则

（一）人本发展原则

从主体的角度以及政策执行的视角分析，高校深化体教融合改革以培养大学生身体素养为根本点，以情感、身体、认知为抓手，按照人本发展的原则，做好大学生健康促进的教育认知和服务工作，尽量满足大学生群体的多元化体育需求。

（二）公平发展原则

基于大学生家庭背景、身体条件的不同，在体育融合实践过程中，应该突破部门、行业、领域的思想，破解体育资源配置的瓶颈，根据高校规模、地域、背景，以相互协同、合作治理的方式实施均等化发展，提高政策执行深度和广度，确保公平、公正、公开的理念高效贯穿于政策执行之中。

（三）效率发展原则

高校应发挥体教融合示范实践改革的先锋模范作用，深刻领会体教融合目标新指向，秉承"有所为而有所不为"的开拓精神，不断拓展试行领域和渠道，科学制定体育参与轨迹设计制度，按照全盘接收和局部创新的部署，打造互融互通的合作治理机制，构建高校体育工作效率发展的新路径。

四、体教融合视域下普通高校体育教学改革路径研究

(一) 构建立体化体育教学体系

高校作为学校教育的顶层，在体教融合的时代背景下，应着力构建面向全体学生的教学机制，将竞技人才培养与教育教学工作联动，在增强学生体质健康的同时，有效挖掘优秀的体育竞技人才，从而加大竞技体育后备人才储备。首先，要保证体育课的质量，做到开齐、开足体育课，严格贯彻落实"健康第一"的教学理念，不断对现有教学方法进行完善，让更多的大学生通过体育课程健全人格、锤炼意志。其次，课余训练、竞赛活动要高标准组织和执行，大力组织校内赛事，囊括各类项目与各个层次，形成选才的完整体系，让体育赛事的组织情况常态化。通过丰富多彩的赛事调动大学生参与体育运动的热情，提升学生的体育运动水平，实现课内教学向课外实践延伸。鼓励学生参与区域性体育赛事，帮助学生在突出领域得到更大的发展，在更高的平台表现自己，并利用擅长项目开展终身体育锻炼。同时应该建立奖励机制，对高水平运动员以及校内外体育竞赛获奖的学生给予对应的荣誉，从而激发学生提高体育竞技水平的积极性。最后，以学生为主体，大力推广俱乐部教学模式和体育社团，利用竞赛资源，打造赛事品牌，从俱乐部选拔优秀运动员。支持多形式开展课外体育活动，既要满足大学生体育锻炼的切实需求，还要符合学生个性发展的规律。

(二) 加强高校高水平运动员梯队建设

从国家、民族和社会的角度而言，高校开展体育竞赛活动有助于大学生的民族精神和综合素养。通过公开、公平、公正的选拔机制，与社会和市场相对接，消解大学生健康危机。为此高校应利用现代大学治理先进制度的意识，激活内外部交流，在确保教育教学质量的前提下，打破陈规，形成梯队，打造公开、公平、公正的选拔机制，加强教练员的人事改革制度，建立多领域的竞争机制，分配相适应的运动训练项目。拓展选拔人才的渠道，以资源互融、活动互促的方式，整合大学生体育治理多元要素，做到有章可循、有据可依。师资力量是推进体教融合的有力保障，对现有高水平运动队人才培养体系进行改革，必须要打破现有运行机制，大力培育体育教师，建立复合型训练团队。努力营造社会体育文化氛围，按照"普及——精英"一体化设计理念，配齐、配强体育教师，保障高水平运动员完成学业，并为其就业提供必要的支持，满足大学生健康发展的体育需求，实现大学生体育的多元供给，保障体育融合顺利实施。

(三) 开创体教融合新模式

在大政策指导要求下，为了实现健康促进和精英人才的双重育人功能效应，高校应转变传统的体育教学理念，认真贯彻落实文件精神，遵循"以赛促健康，以赛促发展"的改革目标，不断改革和完善现有体育竞赛模式，加快体教融合进度，建立各个阶层的竞技体育人才的选拔、培养和输送体系。处理好学训矛盾，强化统筹协调，狠抓责任落实。基于当前高校体育教学实践活动，以师资互通的方式积极制定健全协同育人机制，统一学习时

间和训练时间。着重强调条件保障制度的完善，实现对表衔接，形成有机统一的体育管理和训练，满足学生不同特长需要。完善同级层面的赛事体系，推动体育意识与体育文化普及。进一步发挥高校战略布局中的智力资源，积极开展实施治理改革和训练经费筹集工作。加大与国际体育教育研究国际的合作力度，以窗口化、整体化的国际视野，集中高校体育人力。物力和资源优势，实现高效合理流动与资源共享。改革师资聘用模式，设置不同的师资岗位，允许多种师资聘用模式并存，提升学校体育师资水平，保障师资队伍的稳定，确保一校一品的实现。

（四）为体教融合培养刚需人才

就体教融合理念的地位与作用而言，该项工作是一件长期发展的事情。为了夯实体教融合的实践工作，学校体育教学内容应做到与时俱进地完善和改进，转变过去重体能、轻技能的思维定式，积极完善健康教育内容、基本运动技能、不同类别的运动项目。一方面，体育教学课程要拥有多种教材，能够让学生掌握多种运动项目技能，学会科学安排运动，在此基础上提升专项技能技术、比赛战术等。另一方面，为了深入推动体教融合，体育部门要主动融入学校体育，破除体育与教育割裂现象。在具体考核实施过程中，要求细化举措和分工，还应凝聚融合育人的理念共识，脚踏实地出实招，建立科学有效的健康成长激励机制，进一步体现制度融合的红利。此外建立业余运动体系，设置灵活的教育组织类型，按照科学的选才标准，形成选才的完整体系，提倡彰显个性和发挥特长，形成合理项目布局，着力于体育专业资源融入教育领域，打造育才一条龙的运行机制，提高普通高校体育人才储备。

总之，在深化高等教育和体育事业改革的新时代中，深化体教融合解决了顶层设计和重点衔接的问题，关乎祖国和民族的未来，是一项任重而道远的工程。高校作为体教融合的重要阵地，应以精准投入、精英培养的理念，以教学、竞赛改革为抓手，以体育与教育系统为两大主体，有效发挥教育、体育等部门的资源优势，破除大学生健康成长和训练相互割裂的时滞性，在促进学生体质健康的同时，赋予其培养精英大学生的卓越功能。让体育赛事的组织情况常态化，努力营造社会体育文化氛围，为社会培养更多的竞技人才，实现优质资源共建、共享、共赢，逐步打造具有高校特色的体教融合的样板工程。

第三章　体育教学中教育思想的应用

第一节　人文教育思想在体育教学中的应用

一、人文教育思想

培养优秀、合格的人才是现代人文教育的主要目的，也是现代教育的重要使命之一。人文素养是作为人本身最基本的修养，它主要体现在一个人对自己、社会和他人的认知行为当中。只有把人文理论教育和人文实践活动有机地结合起来，才能达到人文教育的目的。让学生亲近自然、善待自然是人文教育实现的有效途径，社会、学校、家庭应该为人文教育的开展创造更好的外部环境和氛围，尤其是学校。

（一）人文教育思想是未来发展方向

1. 人文教育思想是和谐社会发展的必然趋势

人文教育主张以人的和谐发展为目标，最终目的是通过教育促使人的尊严、人的本性、人的潜能得到最大限度的发展。它批判现今主流教育的思想意识，建议发展人的天性、解放人的个性、激发人的潜能，最终促进学生全面综合发展，重视对学生人文素养的教育，它主张学生自身的和谐发展。新课改明确指出，要使"学生具有强健的体魄和良好的心理素质，养成健康的审美情趣和生活方式"。新课改一改以往只关注学生身体健康的做法，还主张让学生富有兴趣的成长。当然，最重要的是它体现了当今社会特有的人文精神。

2. 人文思想在体育中的体现

受奥林匹克运动的影响，学校体育也应该在健康的目标基础之上，把人的全面发展作为基本着眼点，对学生进行适时的人文关怀，从这点来看，体育与人文的内涵是一致的。这就要求学校体育教学的目的设定为培养德、智、体、美全面发展的新型人才。

3. 人文教育思想在传统体育教学工作中的缺失

我国早期的学校体育教育的主要目的是"增强体质"和"传授技能"。学校体育兼有身体属性和社会属性，在道德教育、修身养性等方面有着特殊的意义和价值。学校体育必须改革自己的方针，响应人文教育的号召，摆脱传统技能教育的束缚，释放学生的天性和人文性。

4. 人文教育思想成为"体育与健康"课程改革的核心理念

我国"体育与健康"课程改革的根本指导思想是"健康第一",学生在学校的体育学习中能够通过各种学习方式、锻炼方式达到身体健康。"体育与健康"课程改革进行了价值本位的转移,即由学科为本位转向以人的发展为本位,学科教学以人的发展为本。

如今,我国正处在由应试教育向素质教育、由传统教学理念向新课改理念变革的时期,在这一变革的过程中,理念需要不断地与时俱进,人文精神需要融入其中。这向体育教师提出了新的要求,它要求教师对学生的实践能力和创新精神进行塑造,要求教师重视发展学生的个性,并注重对学生人文素养的培养。在新课改的要求下,"体育与健康"课程注重培养学生的人文主义精神。只有人文精神渗透于体育教育之中,才能实现教育观念的推陈出新、与时俱进,使教师更好地认知和理解新课改,并把新课改深入到具体的体育教学实践中。

(二)人文思想在体育教学中的渗透

1. 树立富有"人文精神"的教学观念,设置新的教学目标

"终身体育""全民体育"的口号在我国相继提出。体育与健康教育,主张"健康第一";素质教育,主张发展学生的创造力,培养学生的体育能力。因此,体育教师必须既抓眼前,又要兼顾长远,在增强学生体质之余,也大力发展学生的体育素养、体育习惯和体育能力。

2. 设置符合大学生兴趣,可使其终身参与的教学内容

在人文体育理念的影响下,体育教学内容必须与时俱进,推陈出新。经历九年义务教育和高中体育教育之后,大学生在技能与体能方面水平往往较高,个性特征也比较鲜明。体育教学应该为学生提供更广阔的选择空间,帮助其拓宽视野,激发身体上的体育因子,调动其参与体育运动的积极性,为其"终身教育"思想奠定基础。

3. 采用适宜的教学方法

适宜的教学方法,将会大大提高教学的效率。体育教师在一次次教学方法的尝试中,找到最适宜的那种方法,进而提高大学生体育锻炼的兴趣,培养大学生体育锻炼的情感,积累体育锻炼过程中的经验,使其体育价值观日趋成熟。

4. 体育教学单一评价体系向复合型评价体系转移

体育教学评价若要体现人文精神,就必须做到:第一,不能为"评价"而评价;第二,评价的形式应该更客观;第三,评价的内容应全面,既包括学生的自我评价和相互之间的评价,又包括对学生自身技能的考核,还应包括对教师的评价。"以人为本"是现代教育的发展趋势,也是体育教学发展的必然结果,我们应该及时更新体育教育观念,进一步认识体育教育工作的内涵。在新型教学模式的创新以及教学评价体系的更新等方面积极探索,将人文主义精神真正渗透到具体的体育教学实践之中。

二、人文教育思想在篮球教学中的运用

篮球基本技术是对篮球比赛中各种进攻与防守的专门动作、方法的总称。因此,在篮

球基本技术教学中，教师首先要保证学生能够灵活掌握基本技术，其次是启发学生对各项基本技术重新进行排列组合，并应用到实际的比赛中。

（一）篮球基本技术教学中人文教育的主要内容

"从基础做起，从小事做起"的做事态度。篮球运动专项中的走、跑、跳、投等系列基本技术动作的训练比较枯燥乏味，教师要充分利用这一过程培养学生"从基础做起，从小事做起"的做事态度。创新意识和能力：无论是在个人战术还是在全队战术中，篮球基本技术的应用不是单一的、独立的。

篮球基本技术教学中人文教育的要求：①练习方法和手段的多样化。教师要利用有球和无球、有防守和无防守、个体和集体等形式上的变化来变换练习的方式，激发学生从事基本技术练习的兴趣。②评价要因人而异。基本技术的练习从内容上看是比较单一和枯燥的，特别是针对一些基础比较好的学生，这就要求教师在课堂上对学生的评价要有区别。

（二）"中锋"技术教学中人文教育的体现

"中锋"主要活动区域是在离篮板5米以内的位置，而且站位在场上5名队员的中心。是决定全队攻守转换的关键人物，是影响和决定全队战术意志的核心，是场上身体能量消耗最多的队员。

首先，"中锋"技术教学中人文教育的主要内容。"中锋"的位置特点和"中锋"所特有的技术决定了他所处的是进攻和防守方竞争最激烈的区域。这对"中锋"队员不仅在技术上，同时在自信心和作风上也提出了更高的要求。其次，"中锋"技术教学中人文教育的要求。"中锋"技术练习中，教师要穿插一定量的身体练习，这不仅可以提高"中锋"队员的身体对抗能力，同时，还可以提高"中锋"队员在对抗当中的自信心和敢于拼搏的勇气。

（三）篮球基础配合教学中人文教育的体现

篮球基础配合指的是篮球赛场上两三名运动员之间组织的小规模的攻守配合方法，它为全队战术配合奠定基础。篮球基础配合教学中人文教育的主要内容：①团结协作的精神。比赛战场上的基础配合需要队员与队员之间的默契和大力协作，因此，在教学和训练中，培养队员的团队协作精神尤为重要。②全局观念。基础配合是全队战术的基础。③创新意识。全队战术是由多个基础配合组合而成，队员熟悉掌握基础配合的目的，就是要将各种基础配合合理组合成全队的复杂战术。

（四）快攻战术教学中人文教育的体现

快攻是果断地进行攻击，利用最短时间创造人数、时间和空间优势的一种进攻战术。它对培养篮球运动员积极主动、勇猛顽强的作风，提高身体素质水平，形成迅速、全面、灵活、准确的技术等都起着重要的促进作用。快攻战术教学中人文教育的主要内容：快攻战术的特点决定了其在比赛和训练中对培养运动员的意志品质、协作意识、顽强拼搏的精神等方面具有独特的作用。

在要求方面：①快攻的理论讲授有利于增强学生的协作意识和奉献精神。②快攻的战术教学要按照发动与接应、推进、结束三个阶段来分解教学，使学生明确不同位置所应承担的使命和任务。

（五）全队战术中人文教育的体现

篮球比赛中的全队战术是指在正常比赛的篮球战术活动中，全体队员共同遵守的战术行为准则，它能体现出全队的实力和风格。全队战术还要求队员之间在比赛过程中要团结协作、互相配合，及时灵活地根据赛场的变化而变换对策，充分展示出团队战术配合的针对性、组织性和实效性。

全队战术教学中人文教育的主要内容：与个人战术和区域战术不同的是，全队战术要求全场队员都要参与其中，这要求全队上下不仅要有心力、物力，同时还要具有外力。对全队战术教学中学生人文教育的培养就有利于这种外力的生成。全队战术中人文教育的要求：①优化全局意识的思想教育。青少年的表现欲比较强烈，特别是在比赛中，喜欢单打独斗，缺乏配合意识。②发挥积极评价的导向作用。在全队战术配合的演练以及比赛过程中，教师对合理的、甚至是不合理的配合都要给予积极的评价。

（六）身体训练教学中人文教育的体现

身体训练，又称体能训练，是指在训练过程中教师运用各种练习有效地影响运动员身体形态、提高有机体技能和运动素质的特殊训练，是对运动员的走、跑、跳、投等基本能力极限的一次次超越。这就决定了体能训练的功能不仅仅是提高学生的体力和综合运动能力，同时也能够加强对学生的顽强拼搏、吃苦耐劳、勇于挑战的人文精神的培养。

身体训练中人文教育的主要内容：身体训练不仅有提高运动员的走、跑、跳、投的基本能力的作用，还能够改变其身体形态。身体训练中人文教育的要求：①强化训练育人的意识。人文教育最重要的教育形式应当是隐性的、潜移默化的，要在体能训练过程中将人文教育贯穿其中。②强化环境育人的意识。营造舒适安全的自然环境和和谐的人文环境是训练质量和有效进行人文教育的重要保障。和谐的人文环境是指在训练过程中师生之间、生生之间要相互保护，相互鼓励，以使学生在训练中保持积极、乐观的心理状态，增强人文关怀。③坚持一般体能训练与专项体能训练相结合。在合理安排一般体能训练的同时要合理安排专项训练，任何专项体能训练对身体都有特殊的要求，一般体能训练并不能代替专项体能训练。④强化思想政治教育。体能训练的一些方法往往比较枯燥，因此，在训练中加强学生的思想政治教育，可提高他们对身体训练的重要性的认识。在身体训练过程中要尽量将人文教育融入身体素质训练中，使学生的情感在隐性的教学形式中得到潜移默化的熏陶和影响，从而达到培育其人文精神的目的。

第二节　科学教育思想在体育教学中的应用

一、科学发展观下体育教学

（一）科学发展观体育教学新发展

以科学发展观为指导，顺应时代发展的潮流是体育教学发展的必然趋势，体育教学只有顺应这个趋势，才能实现可持续发展。

1. 学校体育教学应重视培养学生的自觉能动性

激发学生的体育兴趣：在学校体育教学中，如果体育教师能够充分尊重学生的体育兴趣、满足学生的体育需要，将为学生终身的体育学习打下坚实的基础。因此，体育教学应激发学生学习体育的热情和兴趣，使学生在掌握体育与健康的基本知识和运动技能的同时，学习体育的基本方法。

教师的体育活动设计科学化：教师对学生参与活动的先行设计，在一定程度上决定了学生能否积极、主动地参与体育教学过程。基于此种情况，体育教师应抓住这一契机，让学生在繁重的文化课后卸下包袱，释放自己，轻装上阵。通过以上这些措施，学生就会切实地感受到运动的乐趣和价值，从而更加主动地参与体育运动锻炼，并把体育运动锻炼发展为自己的终身爱好。

2. 有效实施"阳光体育"

在内容决定形式的前提条件下，"校园阳光体育"的活动形式选择，应根据不同的活动内容和目标任务，紧密结合诸如早操、下午体育活动、运动会、高校联赛等。终身体育是学生步入社会后所面临的一个贯穿一生的自发、自主的教育过程。值得一提的是，终身体育锻炼的内容、形式、时间和地点等方面都具有自发、自主的特点。体育教学中应注重学生兴趣和自觉锻炼的意识培养，最终达到人的全面发展的终极目标。

（二）高校网球运动科学示例

1. 高校网球运动教学工作的科学概念

网球教学的原则是网球教学过程中客观规律的反映，是网球教学实践中成功经验的总结和概括，它对网球的教学工作具有普遍的指导意义。网球运动的教学工作指导学生掌握网球的理论知识和技术技能，增强体质，培养良好道德和意志品质的教育过程，包括以下三方面的任务：第一，帮助学生初步掌握网球运动的基本理论知识、基本技术战术和基本技能。第二，提高学生身体素质，增强学生体质。经常参加网球运动可以改善人的中枢神经系统机能，以发展速度、灵敏、耐力和力量等。第三，培养良好的思想道德和意志品质。如果教育得当，能使学生的意志品质得到有效的培养。因此，教师应通过教学，培养学生勇敢顽强、吃苦耐劳、坚持不懈、克服困难的思想作风；培养学生团结友爱、集体主义和爱国主义精神；培养学生机智灵活、沉着果断、谦虚谨慎等意志品质，使学生保持积极健康向上的个性心理品质。

在实际教学工作中，学生必然会遇到这样或那样的困难，在克服这些困难的过程中，学生将逐步形成自觉锻炼、坚强果断的意志品质。总之，为了使学生能成为真正符合培养目标的人才，保证网球教学工作的顺利进行，思想教育工作是不容忽视的。提高学生身体素质、增强学生体质需要有一定的方法，而掌握网球的技术、技能离不开必要的身体素质。因此，在强调它们之间的联系时，应防止互相代替；在强调它们的区别时，又要防止绝对化。

2. 高校网球教学工作需要坚守的科学原则

（1）培养和提高学生的自觉积极性

在网球教学中要启发学生明确学习目的，调动学生学习主动性，培养独立思考能力和创造精神，引导学生融会贯通地理解和掌握教学内容，并在实践中加以运用。学生固然是在教师的教导下完成学习目标的，但是，教好学生只是让学生学好的条件，不可能代替学生学好。学生的这种努力来自对学习意义的认识和由此产生的学习兴趣、学习愿望以及正确的学习目的。因此，启发、提高和让学生充分发挥学习的自觉积极性是教师教好学生的重要工作之一，应把它体现在教学工作的各个方面：

发展学生的自觉积极性应注意以下几点：第一，提高学生对学习目的性的认识，端正学习态度。学生的学习行为也是这样。教育中要注意揭示网球的社会意义及与学生自身的发展、完善之间的关系，使其明白学习网球，既是自身的需要也是社会发展的需要，将这二者有机地联系起来。这方面的教育可结合每学期开学时动员学习的教育和对具体教学内容的学习意义的教育。第二，确定学生应达到的教学要求。一般来说，网球教学中，提出过高、过低或过多的教学要求，会影响学生学、练的积极性，因此，所提出的要求应是完成教学任务必不可少的。第三，激发学生学、练的愿望和兴趣。学生的心理特点决定了他们兴趣的广泛性和不稳定性，因此，也决定着他们对网球运动的特有兴趣。第四，合理组织教学活动。如果教学组织松散，则会导致纪律涣散，学生注意力不集中。雷同的教学活动也易使学生生厌。因此，应使教学过程张弛有道、各有侧重，既严肃紧张又生动活泼。

（2）教学活动的直观性

直观性是指在网球教学中利用学生的感觉器官和已有经验，结合积极思维和反复练习，获得生动的表象。在网球教学工作中，尽量利用学生的各种器官感知动作形象，使其形成清晰的表象，以达到初步掌握网球理论、技术和战术的目的。任何知识的来源都在于人的感官对客观外界的感觉。因此，网球教学中首先应引导学生通过感觉器官生动地感知教材，建立正确的动作形象和概念。运用教学活动的直观性应注意以下几点：第一，明确直观目的，正确运用直观教学方法。应根据完成教学任务的需要、教材的性质和动作技能形成的不同阶段，有区别、有针对性地加以运用，并根据需要选用各种有效的直观教学方法。同时要选择运用好直观教学方法，把握好使用的适宜时机，这就要求教师在课前做好充分的准备。第二，广泛运用各种直观教学方法。在网球的技术教学中，开始时视觉往往是主要的，听觉是次要的；而概念一经形成，则进入了通过反复练习达到掌握动作的阶段。第三，联系学生经验，运用语言直观。当教师语言的运用与学生已有的经验联系在一起时，语言就具有作为直观教学方法的显著作用。

网球教学的设计要适合学生身心发展的特点和规律，为学生所能接受，这样才能较好地促进学生身心的协调发展，较好地完成网球教学任务。教学中从实际出发应注意以下几点：第一，全面了解有关网球教学的情况。教学中须了解的有关情况很多，归纳起来主要是学生身体健康状况，体能发展水平，网球运动基础，接受能力，对网球的认识、兴趣、爱好，思想、品德、意志、纪律、作风，以及学习、生活情况，教学的场地、器材、环境和季节气候等。了解情况时，既要了解一般的情况，也要了解个别的和特殊的情况，要实事求是、一丝不苟，忌带主观片面性。第二，一般要求与区别对待相结合。应看到学生的个体差异是客观存在的，特别是在身体机能、基础、个性特点等方面更是如此。为此，必须在一般要求的基础上进行区别对待。区别对待是指对有显著差异情况的学生提出不同要求。一般要求与区别对待应体现在课程的任务、内容、运动负荷和组织教法等各个方面。又如，对多数学生安排中等水平的运动负荷，对少数体能较强或较差的学生则分别安排较大或较小的运动负荷，或者在练习的重复次数、强度和间歇时间上加以区别对待。

（3）教学中应注意科学总结

在网球教学训练工作中，学生对理论知识和技术技能的掌握以及品德作风的培养，都要及时得到巩固，并在此基础上不断提高。学生能否牢固地掌握并提高已学到的理论知识、技术、技能并在实践中运用，是衡量教学效果的重要标志之一。从条件反射的建立和消退规律看，动作技术是在不断重复学、练的条件下才得以巩固并形成动力定型的。因此，在教学中遵循条件反射的建立与消退规律的要求，对取得良好的教学效果有重要意义。一定的运动负荷作用于身体，获得相应的身体锻炼效果。因此，为了不断发展体能，既要以适量运动负荷反复作用于身体，使发展体能的效果得到不断地积累和巩固，又要在可接受的限度内逐步增大运动负荷，从而使体质得到逐步的增强。教学中运用巩固和提高原则应注意以下几点：第一，使学生的认识正确、清晰，注重理解。理解不仅使认识正确、深入，并且可使学习效果的巩固更为持久。第二，坚持反复练习和经常复习。学生反复练习动作不仅能加深对动作技术的理解和巩固，而且对动作技术的改进、提高也有重要的意义。在反复练习中应逐步提高要求，不断完善动作技术。反复不是简单的机械重复。第三，采用各种方法，不断重复，达到巩固提高的目的。第四，加强学生对巩固、提高教学效果的认识。

3. 常用的网球科学教学方法介绍

教学方法是指在教学过程中完成教学任务的途径和手段。教学方法也是教师的工作方式，也就是说，教师在课堂中使用的教学方法无不体现和渗透教师的经验、知识、技能、口才以及道德风尚等方面的水平。总之，教师要根据项目特点、教学对象的特点以及场地设备条件等诸多因素，经常对教法进行总结和思考，以适应教学的需要。在实施和运用教法时，要注意贯彻循序渐进、个别对待、从实际出发的教学原则。网球运动是一项技术性强、动作细腻的项目，手臂、躯干稍有不规范的动作都会影响正确技术的形成。

（1）直观教学法

在教学中，借助视觉、听觉、肌肉本体感觉等感觉器官来感知动作是一种经常运用的教学方法，它有助于学生了解动作形象、结构、完成方法以及时间和空间的关系。进行动作或其他内容的示范，也包括电视录像的播放都要做到：第一，目的明确。第二，注意示范的位置和方向。根据网球运动的技术特点和教学重点及要求，教师在做示范动作时一定要考虑到让学生从任何角度都能看清楚。第三，示范动作要规范。教师的示范动作力求做到准确、熟练、轻快、优美。

（2）语言提示法

正确生动地运用语言，在教学中有着重要作用，也是在每个教学环节中不可缺少、不能替代的重要方法。在网球教学中常用的语言提示法有讲解法、口令和指示法、指标训练法。

①讲解法

讲解法是网球教学工作中运用语言提示法的最普遍的形式。讲解法在理论教学、思想教育和技术教学中都起着重要作用。具体运用时，应注意以下几点：第一，目的明确、有的放矢。在理论课或专项技术教学时，讲解可以详尽；但在练习课或训练课上，讲解应尽量少一些。第二，内容正确、阐述清晰。语言是人们交流和表达的主要工具，要使语言作用发挥得恰到好处。词不达意，往往会引起学生的误会，致使学生形成错误的概念。其实，用语言来叙述和描绘技术动作并不轻松，因为肌肉的感觉是很难用语言表达清楚的，因此，从这个角度来讲，教师应该在教学语言上多做些功夫。因此，体育教师在进行理论课教学时，可以把重点或提纲提前准备好，以方便后面的体育教学。第三，讲解前要充分准备。语言简明扼要，重点突出，层次分明，口齿清楚，语气稳重而亲切，表达生动、幽默。这也客观地对教师提出了更高的要求。

②口令和指示法

这是在教学中教师用语言命令进行体育教学的一种方式。教师发出的口令和指示要具有权威性，不容学生稍有迟疑和懈怠。口头评定法：在网球课教学中，学生困惑烦躁的时候，教师对其进行及时的肯定、适时的鼓励，能够帮助学生恢复自信，这就是所谓的口头评定法。

③指标训练法

训练一般都是以时间为界限的，指标训练法是以完成规定指标为界限的。具体方法如下：第一，双方共同完成指标法。须双方共同努力来完成指标的练习。第二，单方完成指标法。要求一方完成规定指标的练习。指标训练法的作用：及时得到定量的反馈，刺激性强，利于调动运动员训练的积极性。

二、体育教学活动的科学化保障

（一）"极点"和"第二次呼吸"

在剧烈运动时，特别是中长跑时，人体会产生胸闷、呼吸急促、动作迟缓而不协调甚至恶心等现象，这在运动生理学上称为"极点"。调节呼吸后动作将变得协调有力，呼吸均匀自如，一切不良感觉消失，身体恢复正常，此种现象，运动生理学称之为"第二次呼吸"。

1. 原因

产生"极点"的主要原因是人体各器官系统都有生理惰性，而内脏器官惰性大于运动器官，从事剧烈运动时，运动器官能很快达到最高机能水平，而内脏器官跟不上运动器官的需要，造成机体缺氧和酸性代谢产物的堆积。"极点"出现后，如果坚持继续运动，内脏器官惰性将逐渐被克服，改善氧的供应，加上"极点"出现后运动速度减慢，使运动器官和内脏器官的功能关系基本协调，生理过程出现新的平衡，故出现了"第二次呼吸"。

2. 处置与预防

"极点"和"第二次呼吸"是长跑运动中常见的生理现象，无须疑惑和恐惧。只要坚持经常锻炼，剧烈运动前做好准备活动，运动中适当增加呼吸深度，稳定情绪，"极点"现象是可以延缓和减轻的，甚至可以不出现。

（二）肌肉痉挛

肌肉进行不自主的强直性收缩，变得坚硬、疼痛，俗称"抽筋"。

1. 原因

在寒冷环境中运动，肌肉受到寒冷刺激易引起肌肉痉挛，这常在游泳或冬季户外锻炼时发生。在长时间大强度运动，特别是在夏季从事长时间大强度运动时，由于大量排汗，也能使人体内水盐代谢失调而引起痉挛。

2. 症状

局部肌肉剧烈挛缩发硬，疼痛难忍，而且一时不易缓解。

3. 处置

遇到肌肉痉挛要沉着、冷静。

4. 预防

首先应加强进行运动锻炼，提高身体对寒冷的适应能力；运动前做好准备活动，对容易发生痉挛的部位，事先应适当按摩；夏季进行长时间运动时，应适当补充盐分；在水中停留时间不宜过长；疲劳和饥饿时，不要进行剧烈运动。

（三）运动中腹痛

在运动过程中或运动结束后，由于运动锻炼而引起或诱发的腹部疼痛，它常发生在长跑、马拉松跑等耐力性运动项目中。

1. 原因

主要原因是运动前人们的准备活动不充分，开始时运动过于剧烈，内脏器官功能尚未达到竞赛状态，致使脏腑功能失调，引起腹痛；也有的腹部受凉，引起胃肠痉挛；少数人因运动时间过长或过于剧烈，使下腔静脉压力上升，引起血液回流受阻，致使两肋部胀痛；慢性阑尾炎、溃疡病等患者在进行剧烈运动时，病变部位受到震动、牵扯等刺激也可引起腹痛。

2. 症状

腹痛的部位主要依发病原因而定，由肝脾贫血引起的腹痛，肝痛在右季肋部，脾痛在左季肋部，疼痛性质为胀痛或牵扯性痛；肠痉挛、肠结核引起的腹痛在腹腔中部；食后运动疼痛常发生在上腹部或中腹部。

3. 处置

人们在运动中发生腹痛时，如果没有器质性病变的迹象，一般可采用减慢跑步速度和降低负荷强度，加深呼吸，按压痛部或弯腰跑一段距离等方法处理，疼痛常可减轻或消失。

4. 预防

膳食安排要合理，饭后须经过一定时间以后（约1.5小时）才可以进行剧烈运动，运动前不宜过饱或过饥，也不要饮用过多的汤水；夏季运动后要适当补充盐分；对于各种慢性疾病引起的腹痛应就医检查，病愈之前，应在医生和教师指导下进行运动。

（四）运动性肌肉酸痛

参加运动锻炼的人，特别是刚开始参加锻炼的人，在运动之后往往感到肌肉有酸痛感觉，这在运动医学中叫作运动性肌肉酸痛。

1. 原因

近代运动生理学的研究表明，运动后肌肉酸痛是运动时肌肉活动量大，引起局部肌纤维及结缔组织的细微损伤，以及部分肌纤维的痉挛所致。

2. 症状

由于这种酸痛现象只是局部肌纤维损伤和痉挛，不影响整块肌肉的运动功能，但存在酸痛、发胀、发硬等感觉，所以，酸痛后经过肌肉内部对细微损伤的修复，肌肉组织会变得更加强壮。

3. 处置

运动性肌肉酸痛是经常发生的，当已经出现运动性肌肉酸痛后，采取以下方法有助于酸痛的减轻或缓解：

（1）静力牵拉法

可对酸痛局部进行静力牵拉练习，即将肌肉先慢慢拉长，然后在拉长位置保持2～3秒静止状态。注意做时不可用力过猛，以免牵拉时再度使肌纤维损伤。

（2）按摩

运动后有条件应进行按摩，使肌肉放松，促进血液循环。

（3）热敷

对酸痛的局部肌肉进行热敷，可促进血液循环及代谢过程，有助于损伤组织的修复及痉挛的缓解。

（4）针灸和电疗

对酸痛的局部肌肉进行针灸和电疗，可起到良好的效果。

4. 预防

人们在运动前，应充分做好准备活动，并注意对即将练习时负荷重的局部肌肉进行活动；尽量避免局部肌肉负担过重；运动结束后，也要做好相应的整理活动，应重视肌肉的伸展性练习，等等。

第三节　"寓乐与体"教育思想在体育教学中的应用

一、"寓乐于体"教育思想的意义

（一）"寓乐于体"教育思想提出的背景

1. "新课程标准"改革的必然要求

为了响应"新课程标准"改革的号召，体育教师要不断更新教学理念。在教学实施的过程中，体育教师要以学生的需求为根本出发点，抓住一切教学契机，激发学生主动学习体育课程的热情。教师也应充分挖掘自身潜能，真正做到教学相长。在组织教学时，教师要充当导演和演员的角色，积极引导学生效仿，形成教师与学生、学生与学生之间的多向交流，使学生能够积极主动地参与体育运动的全过程，帮助学生实现身体的全方位发展。体育教师应充分尊重学生主动学习、探究学习的主体地位，只有这样学生才能获得全面的发展。

2. "乐学"成为主旋律

"新课程标准"把"激发学生运动兴趣，培养学生终身体育的意识"作为体育教学的基本理念之一。实践研究表明，从教学目标的可及性、教学活动的主体性、教学评价的激励性和教学管理的艺术性四方面着手，可以有效地调动学生学习的积极性，提高学生的学习效率，激发学生的潜能。

（1）教学目标的可及性

简而言之，就是针对各位学生的身体素质，结合体育项目的运动特点，设置一些学生通过努力就能够达成的目标。最终的目的是让所有的学生都能达成教学目标，并获得自信和提高体育兴趣。事实表明，如果我们设置的体育目标能让学生通过努力便可达及，那将极大地激发学生学习体育的积极性，并为他们带来自信的体验，进而也调动他们学习体育的热情和主动性。

（2）教学活动的主体性

尊重学生的主体地位是实现教师主导地位的前提，也是实现学生乐学的必要保障。在教学过程中，要充分尊重学生的主体地位，提高学生的学习兴趣，调动学生的参与意识，从而提高教学效率。

（3）教学评价的激励性

教学评价的最终目的是为学生正确认知自己提供一个科学的评判标准，让学生能够深知自身存在的优势和不足，进而不断地提升自己，最终促进教学目标的达成。因而，我们应该充分发挥体育教学评价的激励作用。

（4）教学管理的艺术性

体育课堂的机动灵活和随意性决定了体育教学课堂上矛盾冲突的必然性。这就需要体育教师艺术化地管理体育教学。良好的教学氛围可以引发学生愉悦的心情和浓厚的兴趣，激发学习热情，促进身心健康和谐发展。

3. 学生人本回归的有效途径

体育运动是一种以肢体的形式体验着某种精神自由的"游戏"。只有当运动者和观赏者认真、严肃地投入这种"意义"，与其融合为一体时，体育运动才得以展示自身的存在，运动者才进入本真的游戏状态。游戏所带来的愉悦、自由、公正、体验、和谐，让游戏充满了魅力。

（1）愉悦

愉悦是游戏的初衷。游戏能够让人获得生理和心理上的快感，让人在最轻松、最自由的状态下最大范围地释放自己。

（2）自由

游戏与自由是密不可分的，二者缺一不可。康德在论证艺术和游戏的关系时认为，艺术的精髓在于自由，而自由也是游戏的灵魂，正是自由使艺术与游戏连在了一起。

（3）规则

当然，尽管游戏是倡导自由的，但是世间万事万物的自由在一定范围内，没有随心所欲的自由存在，因为只有规则才能确保游戏的顺利进行。它把一种暂时而有限的完美带入不完善的世界和混乱的生活。游戏的规则主要有内隐和外显两种。内隐的规则主要是指隐含在游戏外表之下的规则，它主要是指那些必须要服从的游戏需要。外显的规则，顾名思义就是表面上大家都看得到和必须遵守的那些规则。当然，自由和规则在游戏中并不矛盾，从某种意义上说，这种外显的规则是易变的，它可以随游戏活动的需要而修订和改正，使游戏规则处于不断的生成过程之中。

（4）体验

有参与者参与的游戏才是真正的游戏，游戏的最终目的就是参与者通过游戏体验获得游戏快感，游戏时游戏者尽情地遨游在游戏的世界之中。

（5）和谐

游戏活动是人的生理、心理、社会性等要素投入其中的活动。总之，游戏是生命的一种存在状态，是身心达到无拘无束的一种自由状态。没有了外在的功利追求，为游戏而游戏，体验到的只是游戏之趣，游戏心境也是对自身的一种超越。

（二）"寓乐于体"教育思想意义

1. 体育游戏与身体健康

身体的健康包括人体各部位或器官的发育与功能的完善，它包含着身体的形态、功能以及智力等方面的健康，简言之，即具有健康、优美的体形。智力是指人对客观世界的感知，对信息的获取、整理和加工，在感知的基础上进行记忆、思维和想象等。肌体健康是构建人发展的物质条件，而智力健康则是构建人发展的精神条件。体育游戏与其他体育活动一样，是以身体运动的形式进行的，活动的内容与形式是经过预先设计的，因而它同样具有其他体育活动所具有的健身作用。为了体验有趣的游戏过程，人们参加体育游戏一般都是一种自觉自愿的行为。

体育游戏与身体形态和功能的发展：体育游戏的内容丰富多彩，形式多样，可以通过多种手段促进青少年的生长发育，培养其正确的身体姿态，发展其基本活动能力，提高身体素质，促进身体的全面发展。

（1）体育游戏与身体形态的健康

良好的身体形态不仅是身体发育完善的标志，而且还能给人以美感。例如，"金鸡独立""膝顶下巴""背后握手"等站姿游戏；以及"小摇车"等卧姿游戏，都可以通过拉伸身体的肌肉、韧带，提高身体的柔韧性和平衡能力。

（2）体育游戏与身体功能的健康

人的基本活动能力包括走、跑、跳、投、攀登、搬运等。少儿时期是人的基本活动能力发展的黄金阶段，而在这一阶段，少儿表现出的特点是年龄小，自制力与理解力差，参加活动多凭兴趣。学生在兴趣的指引下，主动积极参加各种有益的游戏，在愉悦的氛围中提高了身体的机能。

学校中的体育游戏常与田径、体操、球类等项目密切配合，经常利用各种运动项目中学生比较熟悉并基本掌握的技术动作来编排游戏。一方面，这能大大扩充体育游戏的容量，使游戏的内容更加丰富多彩；另一方面，能在游戏过程中检验学生对各种基本运动技术的掌握情况。可见，体育游戏为运动技术的逐步完善、运动能力的健康发展提供了一条切实可行、科学有效的途径。

2. 体育游戏与健康心理的形成

体育游戏有助于消除或减缓不良的学习情绪。人的情绪状态是衡量其心理健康的重要指标。"趣味性"是体育游戏最基本的特征。即使像"老鹰抓小鸡""打鸭子""两人三足"这样的传统游戏，也常常让人乐此不疲。除此之外，在游戏中获得的胜利，还会使人产生自豪感，增强自尊心与自信心，并在精神上获得一种自我价值得以实现的满足。因此，参加体育游戏可以使人从烦恼和痛苦中解脱出来，并产生成就感和愉快的体验。

体育游戏有利于确立自我概念。自我概念是个体主观上对自己的身体、思想和情感的整体评价，它是由许多自我认知所组成的。首先，学生注重自己的外形、姿态。对于身体形态不佳的学生而言，对自己身体表象的认识，常会伴随不满意、失望甚至自卑等心理体验，以致影响其自我概念的确立。其次，每个人都乐于使自己的能力得到表现，让别人了解自己的长处，从而得到别人的赞扬、尊重。摆脱了平时工作学习中的压力与烦恼，在体育游戏紧张而愉快的竞争情境中，人能很自然地表现自己的体力、技能与智慧。体育游戏能培养坚韧的意志品质。意志品质是指人的果断性、柔韧性、自制力以及勇敢顽强和自主独立等精神。体育游戏环境条件丰富多变，组织形式繁多，特别是一些战胜障碍的游戏，都要求参与者在活动中不断克服各种客观困难和主观困难，并在克服困难中培养良好的意志品质。在趣味十足的游戏内容的吸引下，在夺取胜利的愿望的驱使下，以及在同伴的支持与鼓励下，一个人更能克服无论是来自外界环境还是来自个人内心的困难与障碍，更容易塑造坚韧的意志品质。

体育游戏有助于人际交往和沟通。在体育游戏中，一方面，学生通过互相接触、合作和竞争等，个体与个体之间，个体与集体之间，集体与集体之间交流更广泛、更频繁，学生之间可以做到相互包容、尊重信任、团结友爱、鼓励扶持，构建良性的人际关系。体育游戏有助于学生探索精神与创造性的培养。体育游戏为学生的自由探索提供平台，有利于学生探索精神的深层次挖掘，激发创造热情。这也正是体育教学中特别珍贵的因素，有利于为未来社会的发展培养需要的栋梁之材。现代社会对现代教育提出更新的要求，它鼓励开发学生的创造性和探索精神。学会学习、学会生存的核心内容之一是学会发现，学会创造。大量的实验研究表明，游戏有助于培养学生的创造性和探索精神。

3. 体育游戏对个体社会化的积极作用

体育游戏可以规范道德行为方式，促进价值观内化，培养竞争合作意识。游戏规则绝不是游戏制定者随心所欲而定的，它一定是建立在公正和道德判断的基础之上的，它需要符合大多数民族公认的伦理标准和共性特征。游戏规则的制定有助于学生良好行为规范的形成。由此可见，学生对体育游戏规则的遵守与秉承，在一定程度上可以影响其现实生活中的行为规范，因此，我们要注重发挥体育游戏塑造和培养道德行为的价值。

体育游戏可以满足合群需求，促进人际交往，完善个性特征。体育游戏主要以群体性活动为主。学生参加体育游戏活动，增进沟通和了解，不仅可以扩大交友范围，增进学生之间的感情，还有助于拓宽自己的视野，从别的游戏者身上发现另外一个世界。同时，他们比较自然地了解并逐渐形成了尊重、理解、谦让、协商、竞争、合作、共处、信任、宽容、忍让、荣誉、责任、和谐、公平、公正、自尊、自重、自信、自强等优秀品质和健康的个性特征。体育游戏可以促进社会角色的体验，形成自我意识，培养社会化品质。在体育游戏活动过程之中，游戏参与者中的每一个人都扮演着一定的角色，这些角色虽然看似很虚幻，其实，有的时候也是对现实生活中某些角色的模拟。社会角色是完成社会活动必要的社会形式和个人的行为方式，通过游戏群体活动中不同角色的扮演，学生懂得了社会角色是与人们的某种社会地位、身份相一致的一系列权利、义务、职责的规范与行为模式。同时，他们的社会适应性和个性品质在此过程中也可以得到高度发展。

4. 体育游戏的艺术价值

艺术产生于游戏。体育游戏是游戏的一种重要的表现内容。体育游戏像艺术一样，把所欣赏的意象加以客观化，使它成为具体的情境。体育游戏像艺术一样，带有移情作用，把死板的物质看成活跃的生灵。尽管当时的真实世界并不乐观，但是游戏时候的忘我精神，使得每个学生仿佛都看见了天堂。游戏带给我们的不仅仅只是物质享受，还有实实在在的精神享受。体育游戏像艺术一样，是用现实世界之外的另一个理想世界来安慰情感。疾病、老朽之所以被人厌恶，其最大的原因就是它限制了人们动的自由。但是，人们不能接受这一痛苦的事实，非要在有限的活动里创造无限的可能，于是体育游戏诞生了。所以，体育游戏在人们闲散时需求最大，从这个意义上讲，它确实是一种"消遣"，是一种艺术化了的活动。

二、运用"寓乐于体"教育思想的分析

（一）青年的生理、心理特点与体育游戏教学

17～25岁这个年龄段正是人的青年时期，生理机能均已接近或达到成人水平。骨膜中的成骨细胞不断增生，使骨骼增粗。20～25岁骨化完成，身高不再增长。这一时期由于骨头的纵向生长速度减慢，所以肌肉开始横向发展，肌纤维增粗，肌肉横断面增大，肌收缩的有效成分增加，肌力大幅度提高。青年期心脏重量和容积基本达到了成年人的水平。在承受较大负荷的运动时，不会对心肌及心血管系统产生不良的影响。呼吸肌的肌力明显增强，呼吸深度增加，呼吸频率减慢，植物性神经发育完善，肺活量增大。青年期的身体素质基本处在缓慢增长和稳定阶段，一些身体素质可达到一生中的最高水平。

在体育游戏教学中，应采用有一定难度、竞争性较强的游戏，加大学生的运动负荷，提高他们心血管系统的功能。可适当增加静力性及力量性练习，使有氧活动与无氧活动交替进行，全面发展运动能力。青年阶段的记忆力为人一生的关键时期，抽象逻辑思维获得较大发展，思维的独立性、批判性、敏捷性和深刻性都进一步增强。造成情感不稳定的原因主要有两点，一方面是由于认识的片面性；另一方面是由于内部需要的突然改变。因此，体育教师在进行体育游戏教学中，要广泛运用开动脑筋、复杂多变的游戏，以力量性和耐力性游戏为主，全面提高学生的综合身体素质。

（二）体育游戏在室外教学中的运用

1. 拉杠比劲

教学目的为提高学生的力量素质。

练习准备：教师准备体操棒若干根。

练习方法：教师将练习者分成人数相等的两队，以中线为界分别站在限制线后。教师发令后，各自用力向后拉，设法将对方拉起。将对方拉起者得1分，回到原位。依此类推，最后以累积分多的队为胜。

教学建议：此练习最好在垫子上或草地上做。

2. 压臂对抗

教学目的为发展学生的上肢力量，培养其持久性。

练习方法：教师将练习者分成人数相等的甲、乙两队，甲队在前，乙队在后。乙队练习者两臂伸直，压住甲队练习者的上臂，教师发出"对抗"的口令后，乙队练习者直臂用力向下压住对方，甲队练习者尽力将对方两臂抬起。最后以得分多的队为胜。

练习规则：①练习者肘关节均不得弯曲。②被压者双臂抬到水平部位，算获胜。教学建议：此练习男、女要分开进行，也可以在室内做。

第四章 大学生体育与健康课程实施模式的构建

第一节 体育课程实施途径与意义

一、体育课程实施的途径

（一）课堂教学是体育课程实施的主阵地

毋庸置疑，课堂教学是体育课程实施的主要途径。在当前的教育背景下，课堂教学有着得天独厚的优势，因为体育课课时有保证、上课教师有保证、上课所需场地器材基本有保证。不过，体育课堂教学的有效性亟须改进和提高。长期以来，我国体育课开设的时间跨度不可谓不长，教师的教学责任心不可谓不强，学生的学习热情不可谓不高，但体育课堂教学的效果不甚明显。因此，体育课程实施模式的研究要积极探索如何构建有效甚至高效的体育课堂教学模式。

在我国，体育课程贯穿了整个基础教育阶段，时间跨度之长，是其他学科难以比拟的。不过，我们不得不反思，我们的体育课程究竟带给了学生什么？我们的课堂教学究竟应该教会学生什么？我们的体育课到底有什么效果？有学者认为，基础教育体育课程改革中存在的主要问题是：①教学目标虚化；②教学内容泛化；③教学过程形式化；④教学评价和气化。有人将中小学体育课程与教学改革中一些教学的真实性和有效性缺失的问题归纳为：有些教师缺乏责任心，体育教学随意性加大；单纯迎合学生的兴趣需要，使得体育教学放任自流；淡化运动技能教学，使体育教学变了味；只求表面的热热闹闹，忽视体育教学的实践；借口关注个体差异，放弃了体育教学的基本要求；自主、合作、探究学习有形无实；情感、态度和价值观不能有效地融入整个教学之中，确确实实，在体育课程实施的过程中，教学目标不能不切实际，教学内容不能肤浅随意，教学过程不能重形式而轻实效，教学评价也不能搞一团和气，体育课堂教学的有效性必须受到高度关注。

（二）课外体育活动是体育课程实施不可或缺的重要路径

尽管体育课堂教学是实施体育课程的主要途径，但并不是唯一途径。体育课程的有效实施有赖于课内与课外双管齐下，仅仅通过每周2~3节体育课很难实现体育课程目标，也无法达到教育部倡导的"每天锻炼一小时，健康工作五十年，幸福生活一辈子"的要求。学校体育界对体育课程究竟是学科课程还是活动课程的看法并不一致，其实，以体育课形式出现的体育课程类似学科课程，而以课外体育活动形式出现的体育课程则属于活动课程。学科课程性质的体育课与活动课程性质的课外体育活动齐抓并进，才能更有助于实现体育课程的目标。

教育部倡导并推广的大课间体育活动打破了传统的课间操活动形式，有助于学生体能水平的提高和终身体育能力的培养，有助于加强师生之间、学生之间的交往，有助于人际交往能力的培养。大课间体育活动形式多样，活动内容丰富多彩，能起到体育课无法取代的作用，值得大力提倡，需要探索行之有效的实施模式。

（三）学校体育课程实施是体育课程的实现途径

1．"人"是学校体育课程实施的直接主体

体育课程在实施过程中涉及的人员是多样的，包括课程设计者（课程专家、体育教研员、政府相关部门的决策人员）、体育教师、学生和学校的管理者（校长、课程管理员）、学生家长等。这是一个多元化的主体构成结构。在整个课程设计、实施过程中，这些人员都会对课程的实施产生影响，但是他们承担的角色和发挥的作用是有所差异的。学校是课程实施的核心，学校的影响作用是课程实施过程中最主要的，也是不能忽视的环节。本论文对于体育课程实施主体的研究限定于学校范畴，即体育教师、学生和校长（管理者），尤以体育教师为主。

（1）体育课程实施中的教师角色定位

研究体育课程实施的主体当首推体育教师。体育教师的首要任务是实施体育课教学，课程实施的成功与否、质量高低首先取决于体育教师的工作。而体育教师角色定位就是对体育教师在课程实施中的地位与作用的良好说明。

角色，是指处于一定社会地位的个体或群体，在实现与其地位相关的权利和义务时所表现出来的符合社会期望的行为和态度的总模式。"角色"一词属于戏剧用语，后被引入社会学、心理学等学科中。在这些学科领域里，角色由社会文化规定。社会对每一个角色给予的一定期望或规范要求决定了个体在占据某一位置时应该表现的行为和应该具有的特征。教师角色问题直接关系到课程实施的问题。

本研究针对体育教师工作特点，认为体育教师应承担以下角色：

①体育教师是体育课程的传递者

在一定意义上看，体育课程实施的过程就是将体育课程传递给受教育的学生的过程。将体育课程向学生传递的过程事实上就是教师"教"的过程，这一过程要通过学生参与体育活动来实现，即学生的"学"的行为。这种"教"主要是传授体育知识（技术技能）、指导学习活动、激发学生体育学习兴趣、组织学生体育练习活动、与学生交流、个别辅导纠正错误、答疑等。被传递的体育课程既包括专家设计的课程，也包括体育教师自己设计的课程；既有预先设计的课程，也有一边设计一边传递的课程。

②体育教师是体育课程的学习者

体育教师要顺利地完成体育课程的有效传递，首先必须自己先掌握课程，对于课程要进行预先的学习、钻研。教师对课程的学习，一是对新课程内容的学习，体育课程内容具有多样性和丰富性，且各项内容之间的技术结构和规范差距比较大，体育教师以往的运动

基础不一定能够满足新课程的需要，因此，体育教师要学习与体育课程内容相关的、自身知识储备不足的运动项目；二是对新理念、新思想、新方法、新教育技术的学习，在科技高速发展的今天，课程知识的更新速度很快，虽然体育运动项目的技术变化不大，但是课程理念、课程思想以及新的教育技术在课程中的应用还是必要的，体育教师要对这些内容进行学习，以便更好地执行课程实施活动；三是要学习体育运动中涉及的各种相关信息，当前信息传递的速度和方式都发生了本质的变化，学生获得知识的途径很多，体育课程教学已经不是教师的"一身堂"，有时学生对一些流行性体育运动知识的掌握已经超出教师的范围，如果不及时补充新内容，学生将会对教师的领导地位产生怀疑。

当今社会是一个学习型的社会，学校成为一种学习化的组织，学习成为一个人终生的行为，作为教师尤为如此。先秦时期的《学记》说："是故学然后知不足，教然后知困。知不足，然后能自反也；知困，然后能自强也。故曰'教学相长'也。"古人尚且如此，何况今天的体育教师？

③体育教师是体育课程的领导者

在当前课程领导日益民主化、教师职业专业化、教师自主权日益增强的情况下，体育教师在课程中的领导地位和作用不断提升。体育教师在课程实施中的领导职责主要表现为：一是制定体育课程实施的具体方案和行动方案，即根据《大学生体育课程标准》编写适合本学校、本年级的体育课程实施方案和具体的教学方案；二是进行体育课程实施的宣传与动员工作，带动其他教师、学生和相关工作人员积极配合协调工作；三是在课堂中的具体组织行为，上好体育课，也是最本职的工作；四是对课程实施进行监督、调控和反馈。同时，体育教师的领导作用还体现在班级领导（体育教学班的指挥者）、学校领导（学校体育工作的主要量力，校本课程的制定者）、学区领导（课程研究的参与者）等方面。

④体育教师是体育教育的研究者

体育课程的有效实施，必须经过体育教师的教育研究活动。从一定意义上说，体育课程实施过程本身就是一种研究活动过程，教学方案的设计、教学的组织实施、实施效果的反馈、课程内容的调控，每一个环节都是通过体育教师的精心设计之后进行的。体育教师的研究活动可以促进教师教学能力的提高，促进教师的专业发展，提升教师的人生价值，使体育教师在业务素质、教学水平、学术研究、课程创新、文化发展上有所建树，成为具有科研素养的体育教师。

⑤体育教师是体育课程的建构者

体育教师在课程实施的过程中既要实施设计好的课程，也要通过自身建构课程。体育教师在整个"教"与"学"的过程中，根据自身对体育课程目标和课程内容的理解，针对学区学校和学生的实际，将体育课程目标转化为具体的、可操作的体育教学目标；同时，结合教学目标和《大学生体育课程标准》《全国普通高等学校体育课程教学指导纲要》的要求确定教学内容，并选择适宜的组织形式和教学方法实施体育课程。这一系列活动的发生和发展显示体育教师在体育课程实施的过程中不仅参与了课程实施的过程，而且对课程实施进行了内部要素的选择与建构。尤其在体育课程改革的今天，体育新课程在课程内容方面只提供了导向性的标准，而学生体育学习的具体内容的选择和排列则主要依赖于体育教师根据实际情况选择确定，这给体育教师提供了课程研究和创造的空间，为体育教师"课程构建者"这一角色的发挥提供了一个良好的平台。

⑥体育教师是学生学习的合作者和交流者

在体育课程实施的过程中，体育教师要尊重、理解、平等地对待学生，让每一位学生都感受到来自体育教师的尊重和关注，尤其是对于体育基础比较差的学生，使学生积极主动地参与到体育学习和体育活动中，获得体育运动知识，体验学习成功后的快乐。体育教师要善于同学生进行交流，体育课堂本身是一个开放的课堂，教师与学生之间通过语言、更多的是教师指导和保护帮助下的身体活动进行交流和沟通，教师要通过多种方式为学生创造一个宽松、自然、安全的学习环境，使学生充满信心地参与体育学习。综上所述，体育教师在课程实施过程中的角色定位确立了教师在课程实施中的核心地位和主导作用，体育教师对待课程实施的态度、教师自身的专业素质势必会影响课程实施的效果。

（2）体育课程实施中的校长角色定位

校长是学校的灵魂，是一所学校的首席"执行官"，是上级教育行政部门的相关政策的"执行者"，是介于学校所有学生、教职员工与上级教育行政部门之间的"桥梁"。校长是学校一切事务的决策者和管理者，也是学校课程决策和课程教学工作的引导者与设计者。在今天课程改革的背景下，课程权利不断下放，地方教育机构和学校对课程具有越来越大自主权的情况下，学校的校长对学校各门课程的设置、实施、课程环境的改善以及教师的工作具有绝对的话语权。教育革新成功与否，校长起着核心作用，学校在教育革新实施之际，起关键作用的是校长。受校长支持和教师理解的教育革新，远比不支持、不理解的教育革新容易实施。由此可以看出，在学校顺利有效地实施体育课程，校长的作用是不容忽视的。

①校长是体育课程实施的决策者

校长是学校一切工作的决策者，体育课程的实施也是一样。校长的决策地位主要表现在：一是对上级教育部门有关体育课程文件的实施决策，相关体育课程文件由校长负责传达给体育教师，并决定对文件规定的具体实施时间、步骤、参与人员、实施程度把握与定位。二是对课程本身的决策，体育课程设置、开课年级学时规定甚至对课程内容涉及都会有所干涉，例如，场地周边有教学楼，不设足球内容，怕砸坏了玻璃；出于安全考虑，体操运动的单杠、双杠等在很多学校都已不见踪迹，甚至操场上的器械都被拆掉了。三是对校本课程开发的决策，校本课程设计虽然是体育教师和体育教研组集体研究的成果，但要由校长最后决策实施。

②校长是体育课程实施的设计者

校长是学校发展远景和发展规划的设计者，体育课程的发展规模、发展特色、实施水平、课程研究、课程业绩等都与其他学科一样属于校长对学校工作规划设计的组成部分。换句话说，校长给予学校体育课程的定位层次，将决定体育课程在学校工作中的地位和发展前途。

③校长是体育课程实施的保障者

校长掌控着学校的一切资源。一是体育课程实施的人力资源保障，校长具有人事决定权，课程实施所需要的体育教师队伍、工作人员队伍要由校长提供；二是体育课程实施的物力资源保障，课程实施所需要的运动场馆、体育设施器材需要校长给予提供；三是经费保障；四是时间保障等，最后还要提供一定的制度保障，使体育课程实施有据可依。所有这些保障都取决于校长对体育课程的认可度和支持力度。

④校长是体育课程实施的监督者

校长要负责对其所管辖的工作进展情况给予监督和检查，包括学校校本体育课程的开发与实施、学校体育教学和课外体育活动的正常开展、教师团队的组织建设、体育课程的实施效果等。

除此之外，校长还是学校同政府、家长、社会各个环节、机构的协调者。

（3）体育课程实施中的学生角色定位

学生是体育课程实施的直接参与者，也是接受体育课程教育的对象，学生对体育课程的认知程度和喜爱程度，直接影响学生参与体育学习的积极性和主动性，从而影响体育教师对体育课程的执行情况，影响体育课程实施的效果。由于学生是体育课程实施过程中的教育对象，是体育学习的参与者。学生的角色首先是体育课程实施的接受者，是体育教育的"原石"，是体现体育课程效果的"成品"。

2. 体育教学和课外体育活动是体育课程实施的重要途径

"途径"也可以写作"途逕"，其含义为：方法、路子、路径，多用于比喻。清代李渔在《玉搔头·缔盟》中所说："就是这简尊衔，也只好借为途径。"夏仁虎在《旧京琐记·考试》："考试取士为清代登进人才唯一之途径。"这中间的"途径"都是作为方法、路径的意思。体育课程实施的途径就是指在课程实施过程中，将体育课程计划、方案等由文本资料变为课程实践活动，以达到预期目标的方法和路径。

在体育课程实施过程中，这种途径的核心是体育教学。另外，作为学校体育工作内容的课外体育活动是为了实现体育课程目标要求而设立的对体育教学起到补充作用的辅助手段和方法。

（1）体育教学是体育课程实施的主体途径

体育课程是学校教学计划中所规定的必修课，是学校体育教学的基本组织形式，是实现学校体育教学目标的主要途径。

体育教学是体育教师在规定的时间内，对相对固定的学生按照《大学生体育课程标准》的规定而实施的体育课堂教学活动，它是体育课程在学校体育中的主要表现形式，是实现体育课程目标的主要途径。

体育教学的主要作用在于传授知识、形成技能、培养智能和发展个性。这四方面是相互联系、相互重叠渗透的统一体。传授知识即向学生传授体育学科的基础理论知识和运动技术技能知识；形成技能即在体育课程中按照运动技能的形成规律帮助学生掌握体育运动技术，发展运动能力。知识传授是形成技能、培养智能和发展个性的基础，运动技能形成过程与体育知识传授过程是统一的，两者互相依存，不可分割。这两方面是体育教学最基本的作用和功能。而培养智能和发展个性是建立在传授知识和形成技能基础上的，是在体育知识传授和运动技能形成过程中的辅助产品。

（2）课外体育活动是体育课程实施的辅助途径

课外体育活动有多种解释。第一种，课外体育活动是学生在学校内外参加的体育课以外有组织的体育活动。第二种，课外体育活动是在体育课程以外，以健身、保健、娱乐为目的的体育活动，以提高运动技术水平为目的的课余体育训练，以及为丰富学生课余文化生活而举办的课余体育竞赛的总称。第三种，课外体育活动是指课前、课间和课后在校内进行的，以全体学生为对象，以保健操、健身活动为主要内容，以班级为基本组织单位，以满足广大学生多种身心需要为目的，促进学生身体、心理和社会适应能力和谐发展的体育锻炼活动。无论哪种解释，始终要坚持课外体育活动，首先是体育课以外的活动；其次是面向全体学生的活动；最后是在学校内进行的、有组织的体育活动。本研究认为课外体育活动应该是除去学校体育工作规定的早操、课间操、课余体育训练之外，由学校在规定的时间段内，统一组织的体育活动，才是真正意义上的课外体育活动。

课外体育活动的作用主要表现为：满足学生参与体育活动的需求，有效促进学生的身体发育和体质的增强；巩固体育课上学习的知识和基本的技术技能，提高体育运动技术，形成学生自身的运动特长；丰富学生课余生活，促进学生在身体、心理和社会适应方面的全面发展；培养和发展学生的体育兴趣与能力，为终身体育奠定基础。

3. 教学环境是体育课程实施的基本保障

体育课程实施是发生在教师与学生之间的人类体育教学实践活动，因此课程实施也有其特有的、密不可分的环境。环境对处于其中的课程实施行为亦会产生影响。体育课程实施最直接的表现形式是体育课，而实际上体育课是体育教学活动的组织形式。因此，体育课程实施环境就是体育课所处的环境，也就是体育教学活动发生的环境。体育教学环境是一种特殊的环境形式。概括地说，教学环境就是学校教学活动所必需的诸多客观条件和力量的总和，是按照人的身心这种特殊需要而组织起来的育人环境。

教学环境具有广义和狭义之分，广义的教学环境是指社会制度、科学技术、家庭条件、亲朋邻里等。而狭义的教学环境则是从学校教学工作的角度定义，教学环境主要是指学校教学活动的场所、各种教学设施、校风班风和师生人际关系等。本论文中课程实施的环境指的就是这种狭义的环境。由此，体育课程实施环境就是体育课程实施（教学）活动的场所、各种体育场馆、体育设施、体育器材，校风班风和师生人际关系等条件的总和。

二、体育课程实施的意义

（一）体育课程实施是体育课程改革的重要环节

一场完整的体育课程改革通常包括课程设计、课程实施和课程评价三个环节。课程设计是体育课程改革的起始环节，是指研究制定体育课程改革的理想及实现这种理想的具体方案。体育课程的设计包括体育课程标准的研制、体育教科书的编写、地方体育课程方案的制订等内容。课程方案设计好以后就应该进入课程实施环节。课程改革的实践过程包括三个不同阶段；第一阶段是做出使用课程计划的决定，称为"发起"或"动员"阶段；第二阶段是实施或最初使用阶段；第三阶段是常规化或制度化阶段。如果说课程设计与课程实施存在先后顺序的话，那么，课程实施与课程评价则是同步并行的。课程评价并不仅仅是对课程实施的结果进行评价，还包括对课程设计质量和课程实施过程的评价。根据发展性评价理论，课程评价的目的是为了促进教师和学生的主动发展及课程建设的不断完善。从课程改革的角度看，体育课程评价的目的在于了解体育课程设计和实施的情况，及时总结体育课程设计和实施过程中的经验，发现存在的问题与不足，通过课程评价为改进课程设计，促进体育课程的有效实施提供建设性意见。

从课程计划与课程实施的关系来看，两者是理想与现实、预期结果与实现结果的过程之间的关系。课程计划制订得越完善，就越便于实施，实施的效果也就越好，但课程计划制订得再好，若不付诸实施，也不会有实际意义。从课程实施与课程评价的关系来看，课程实施过程可为课程评价提供内容。课程评价要考察课程实施的可能性、有效性及其教育价值等，而这些都要通过课程实施阶段才能获得，同时评价又可为课程实施提供反馈信息，以便及时对各种课程要素进行调整。但是，我国以往的体育课程改革恰恰忽视了课程实施这个重要环节。体育课程改革的设计者往往对课程方案的科学性、先进性、时代性和完善性等做了比较充分的论证，对课程改革的结果也有一些定性和定量的评价，然而却很少关注课程方案和改革结果之间的实施过程。我们不能苛求体育课程标准和体育课程方案一经制订便完美无缺，重要的是把这些精心研制的标准和方案付诸实践，并在实践过程中发现问题，不断总结经验。只有这样，体育课程改革的美好理想才可能转化为现实，体育课程的价值与意义才可能得以生成。如果说课程设计为体育课程改革的成功提供了可能，那么，体育课程实施就是把这种可能变为现实的过程。

（二）从课程层次理论看体育课程实施的意义

随着我国社会的不断发展，人们越来越认识到学生身心健康协调发展的重要性，研究机构、学术团体和课程专家倡导体育课程要促进学生的健康成长，这就形成了观念层次的体育课程。随着人们对体育课程健康促进价值认识的日益深化，"健康第一"的思想广泛地渗透到我国21世纪体育课程标准的制订和体育教材的建设之中，这便是社会层次的体育课程。各级各类学校根据课程方案和体育课程标准开设的体育课与大课间体育活动等属于学校层次的体育课程，而体育教师在课堂教学和大课间体育活动等课程实施活动中真正实施和学生真正体验到的体育课程，则是教学层次和体验层次的体育课程。无论是观念层次的体育课程，还是社会层次的体育课程，只有学校真正知觉了，教师真正运作了，学生真正体验了，才能有效地促进学生的身心发展。

（三）体育课程实施是体育教师专业发展的过程

体育课程改革的关键在于有效的课程实施，而体育课程实施的关键在于体育教师的实际运作体育教师对新课程的理解和参与是实施新课程的前提，因为他们最终决定着体育课程实施的走向。体育课程实施是体育教师根据具体的课程情境，对课程目标、内容和方法进行调适的过程。如果体育教师对新课程缺乏兴趣，担心实施新课程会影响自己业已形成的优势，就不可能主动参与课程实施过程，不可能积极地调适体育课程实施方案，体育课程改革就很难取得成功。

在新课程标准的条件下，体育教师专业发展越充分，按照课程实施的具体情境进行调适的可能性就越大，体育课程实施的水平也越高。促进体育教师的专业发展是体育课程实施的关键所在。既要深化体育教师专业教育的改革，又要使广大体育教师明确体育课程改革的意义和目标，充分调动他们的积极性，使体育课程实施的过程变成体育教师主动发展的过程。

第二节　有效体育教学实施模式构建

一、有效体育教学模式的基本特征

（一）致力于促进学生健康成长的指导思想

合目的性是创建有效体育教学模式的首要依据。

众所周知，自改革开放以来，我国中小学生的体质健康状况呈现出持续下降的趋势，造成这一现象的原因是多方面的，一是由于生产和生活方式的快速变迁，学生在日常生活中体力活动越来越少；二是由于一些学校片面追求升学率，没有按国家规定上好体育课，课外体育活动流于形式；三是由于"安全第一"下的因噎废食，一些带有一定危险性的运动项目被学校所禁止，一些学校和地区甚至在运动会项目的设置上取消了中长跑比赛；四是由于独生子女普遍受到溺爱，部分学生意志品质和吃苦耐劳思想的缺失。因此，扭转学生体质健康状况持续下降的趋势是当前我国学校体育工作的首要任务，促进学生健康成长理所当然应该成为创建体育教学模式的指导思想。

（二）致力于提升体育教学有效性的教学理念

如果说体育教学模式是一种外在的教学程式，那么，有效体育教学模式的核心理念就是致力于提升体育教学的有效性。事实上，有效性是体育教学的永恒话题，那种"只顾耕耘，不问收获"的体育教学是低效甚至是负效的，那种"只顾埋头拉车，罔顾抬头看路"的体育教学是需要杜绝的。体育教学的有效性可以分为三个层次和三个维度。体育教学有效性的第一个层次是体育教学是否有效果，即通过体育教学学生是否有收获；第二个层次是体育教学是否有效益，即通过体育教学学生是否发生了积极的变化；第三个层次是体育教学是否有效率，即在相对固定的时间内通过体育教学学生是否获得了尽可能大的进步。考察体育教学有效性的第一个维度是体育教学是否有助于学生体质健康水平的提高，强身健体始终是体育教学的本质追求，也是体育课程实施过程中落实"健康第一"指导思想的基本要求；第二个维度是体育教学是否有助于学生运动技能和方法的掌握，因为运动技能既是全面达成体育课程目标的重要载体，也是激发学生体育兴趣，养成终身体育习惯的依托所在；第三个维度是体育教学是否有助于学生的心理健康和社会适应，体育教学对于培养学生优良的心理品质和社会适应能力具有独特的作用。总而言之，全面提升体育教学有效性是创建和运用有效体育教学模式的重要理念。

（三）综合发挥各种教学方式优势的教学方法体系

教师教学方式的变革和课堂教学行为的重建是我国基础教育体育课程改革的重点和难点问题，也是本次课程改革的热点和亮点。强调学生的主体性发展及创新精神和实践能力的培养是新课程教学方式变革的重要特征，在新课程的课堂教学改革中，学生的主动参与是实现其学习方式转变的核心。也就是说，教师应树立主体性教学思想，真正落实学生在课堂教学中的主体地位，改变学生以往被动、机械的学习状态，形成多样化的学习方式，积极引导学生进行自主性学习、有意学习和发现学习。在此基础上，不仅要使学生掌握系统扎实的基础知识和基本技能，形成良好的情感态度和价值观，而且要具有较强的创新精神和实践能力。在主体性教学思想和建构主义学习理论的影响下，不少一线教师对自主学习、合作学习、探究学习等教学方式进行了积极的尝试，也积累了许多有益的经验。不过，体育教学方式的变革应该避免形式化和绝对化，不应过分强调自主学习、合作学习、探究学习的优点而贬低接受性学习的作用。体育教学方法具有多样性，它们分别适用于不同的教学对象、教学目标及不同的教学内容，没有哪一种教学方法是万能的。因此，有效体育教学模式应摒弃那种非此即彼的片面取舍性思维，建立能综合发挥各种教学方法优势的教学方法体系。

（四）既考虑体育教学效果的迟效性，也注重体育教学效果的长效性

体育教学很难收到"立竿见影"的速效，无论是运动技能和方法的习得，还是学生体能的发展，都需要一个循序渐进和逐步积累的过程。运动技能的学习要经历习得、保持和迁移的过程，运动技能的形成是指通过练习从而逐渐掌握某种外部动作方式并使之系统化的过程，可以分为认知阶段、联系形成阶段和自动化阶段。运动技能是在大量练习的基础上获得的，因为大量的练习往往意味着过度学习，而且在练习过程中常凭借外部和内容反馈信息来不断校正动作。因此，经过过度学习的任务是不易遗忘的。研究表明，运动技能越复杂，练习量越多，遗忘发生得越少；运动技能越简单，练习量越少，遗忘越明显。

由此可见，学生运动技能和方法的掌握需要经历一个漫长的过程。有效体育教学模式既要从局部考虑一节体育课、一个体育教学单元或一个选项教学模块给学生带来的收获和进步，也要从整体上考虑一个学段甚至学生的整个学校学习生涯的体育学习成效；既要看学生在某一局部时间内体育学习的阶段效果，也要从终身体育的角度看学生体育学习的长远效果。

（五）既考虑体育教学效益的普遍性，也注重体育教学效益的个体性

如果说体育教学效果注重的是通过体育教学使学生产生变化，那么体育教学效益则强调这种变化是积极和有价值的。毋庸置疑，体育课程的价值具有普适性，它对所有学生都具有提高身体健康水平、学习和掌握运动技能和方法、促进心理健康和社会适应能力发展

的积极作用。不过，体育课程的普适价值具有较大的差异性，这种差异性主要表现在三方面：一是地区之间的差异。我国幅员辽阔，各地经济、文化、教育、体育、习俗等存在着较大的差异，而且文化和习俗等方面的差异是难以消除的，因为文化具有多样性。二是学校之间的差异。教育资源的不平衡是当前我国教育发展的一个普遍现象，城市学校与农村学校、重点学校与一般学校在体育课程资源方面的差异是相当明显的。三是学生个体之间的差异。学生在身体发育、运动能力、体育需求、性格和气质等方面的差异是客观存在的，因此，有效体育教学模式既要发挥体育课程的普适性，也要注重体育教学效益的个体性，使每一名学生都学有所获，学有所成。

（六）既考虑体育教学效率的相对性，也注重体育教学效率的综合性

体育教学效率是指在某一时段内学生进步和发展的程度，学生进步大、发展快则意味着效率高，而学生进步小、发展缓慢，则意味着效率低。一方面，体育教学效率具有相对性，不同的任课教师、不同的教学内容、不同的教学方式很可能有着不同的教学效率。体育教师对体育教学有效性的理解及教学方式、教学组织形式、教学手段等教学策略的设计和运用，在很大程度上决定着体育教学的效率。练习密度是衡量体育课堂教学效率的一个重要指标，因为身体练习既是学生习得运动技能和方法的必要条件，也是发展体能的重要保证。如果教师能根据教学目标和教学内容的特点恰当地选用教学方式和教学组织形式，恰到好处地做到精讲多练，就可以提高练习密度，获得相对较高的教学效率。另一方面，体育教学效率还具有综合性，这是由体育课程价值的多元性所决定的，因此，有效体育教学模式要注重发挥体育教学的综合效应。体育课程的多种价值是相互促进、相辅相成的关系，只有正确处理好身体发展、运动技能和方法的习得、心理素质和社会适应能力的培养等各种主要价值之间的关系，才能切实提高体育教学的综合效应。

二、有效体育教学模式的实施步骤

有效体育教学模式的实施步骤主要包括分析体育教学情境、明确体育学习目标、精选体育学习内容、实施体育教学过程、开展体育学习评价等五个主要环节。

（一）分析体育教学情境

全面、准确地分析本校的体育教学情境是运用有效体育教学模式的起点，也是因材施教、因校制宜的需要。因材施教体现了主体性教学思想，体现了新课程"以学生发展为中心"的理念；而因校制宜则是落实新课程"关注地区差异和个体差异，保证每一位学生受益"理念的要求。体育教学情境分析主要包括学生主体情况的分析和本校体育教学资源的分析，其中，学生主体情况分析是因材施教的基础，是避免以学科为中心或以教师为中心的重要保证；而本校体育教学资源分析则是因校制宜的前提条件，主要是分析本校可供利用的运动场地、体育器材和设备及本校的体育传统等。

学生主体情况的分析通常简称为学情分析，是指对学生身体、心理、体育基础、班级情况等方面情况的分析。学情分析可以从两个层面进行：一是从宏观层面分析不同学习水

平学生在身体形态、身体机能、身体素质、心理素质等方面身心发展的年龄特征；二是从微观层面具体分析授课班级在体能状况、运动技能基础、心理素质与社会适应能力、兴趣爱好、组织纪律等方面的具体情况。学生身体素质发展的特点和不同年龄阶段学生的心理特征是学情分析的两个重要方面，其中，身体素质方面主要分析学生身体素质发展规律、敏感期及力量、速度、耐力、协调、柔韧等各项身体素质的年龄差异；而心理特征方面主要分析学生在注意、思维、意志三方面的心理特点。

（二）明确体育学习目标

在传统的体育课程目标体系中，体育学习目标通常以"教学目标"的方式来表述，主要是体现教师的教与学生的学的共同目标。从国内外当代体育课程理念来看，体育课程的最终目标是要服务于学生发展的需要，因此，以体育学习目标来表述更为恰当。体育学习目标是体育教学活动期望达到的预期结果，它在有效体育教学模式中具有十分重要的作用，是评判体育教学有效性的重要依据。

第一，体育学习目标的制定要从体育课程的总目标出发，服务于学生健康成长的体育需求。体育与健康课程对于实施素质教育，培养学生的爱国主义、集体主义精神，促进学生德、智、体、美全面发展具有重要的意义。通过课程的学习，学生将掌握体育与健康的基础知识、基本技能与方法，增强体能；学会学习和锻炼，发展体育与健康实践和创新能力；体验运动的乐趣和成功的喜悦，养成体育锻炼的习惯；发展良好的心理品质、合作与交往能力；提高自觉维护健康的意识，基本形成健康的生活方式和积极进取、乐观开朗的人生态度。体育教学作为体育课程实施的核心路径，理应为实现体育课程的总目标服务。

第二，在制定最为具体的体育课堂学习目标时，应注重课堂学习目标的全面性、明确性和层次性。虽然新课程划分为运动参与、运动技能、身体健康、心理健康与社会适应四个学习方面，但这四个学习方面是一个密切联系的整体，不能割裂开来进行教学。体育课堂学习目标不一定要面面俱到，但需要注意学习目标的全面性，既要有运动技能学习方面的目标，又要有身体健康学习方面的目标，还应有心理健康与社会适应学习方面的目标。体育学习目标的明确性则是指所制定的学习目标要明确具体，不要用类似"发展学生体能""掌握××运动技能"这样笼统的表述，建议用如"进一步学习箱上前滚翻的完整动作，80%的学生能在保护帮助下完成""通过各种各样的跳绳练习，发展下肢力量、协调性、灵敏性等身体素质"之类的表述。体育学习目标的层次性则是指学生的体育课堂学习目标要有主次之分，即本节课学生重点要在哪一方面发生良好的变化。

（三）精选体育学可内容

体育学习内容是为实现体育学习目标而选用的体育与健康知识和运动技能，它是有效达成体育课程目标的重要载体。在有效体育教学模式的运用中，不仅需要对体育学习内容进行选择，而且要对所选择的学习内容进行课程化改造。竞技运动是广大学生喜闻乐见的体育活动，具有很高的体育课程价值，但不能把竞技运动生搬硬套地移植到体育课堂教学中，而需要进行适当的改造。竞技项目课程化改造的目的是要避免学生对所喜爱的竞技运动"叹为观止"，使其在体育学习过程中体验到学习的乐趣，强化内心的成功体验，真正变"要我学"为"我要学"。体育学习内容改造的总原则是使之适合学生学习的需要，可以从改变成人化的场地器材规格、改变竞技化的竞赛规则、改变规范化的组织形式这三方面着手。

（四）实施体育教学过程

体育教学过程是实现体育学习目标的实践性环节。它是学生在教师有目的、有计划的组织和指导下，学习体育与健康基本知识、基本技能和方法的过程。体育教学过程在很大程度上决定着体育教学的有效性，体育教学效果有多少、教学效益有多大、教学效率有多高，往往取决于体育教学的实施过程。

课堂教学是体育教学的基本单位，依据人体生理机能活动变化的规律、运动技能形成与发展的规律、学生心理活动过程的规律、认知规律等，可把体育课堂教学的基本过程划分为激趣热身、技能学练、提高拓展、放松收课四个主要步骤。

（五）开展体育学习评价

有效体育教学模式的评价是从教学效果、教学效益、教学效率三个维度对体育教学计划、体育教学过程及体育教学结果进行的评估判断。有效体育教学模式的实施要注重发挥评价的诊断功能和调控功能。从诊断功能来看，评价是对教学结果及其成因的分析过程，借此可以了解体育教学各个方面的情况，从而判断教学的成效、缺陷、矛盾和问题。全面而准确的体育学习评价不仅能评估学习目标的达成程度，而且还能揭示教学效果不良的原因，它如同进行体格检查，可以对教学现状进行严谨的诊断，进而为教学决策和改进提供反馈。从调控功能来看，学习评价的结果必然会得到一种反馈信息，从而使教师和学生能及时了解自己教和学的情况，从而为教和学的策略调整提供依据，进而有效地改进教学。在有效体育教学模式的实施中，教师要善于根据评价所反馈的信息，更加准确地分析体育教学情境，及时修订教学计划，改进教学过程，以进一步提高体育教学的有效性。

三、有效体育教学模式的实施要点

（一）准确把握有效体育教学的八大"外部事件"

学生体育学习需求的多样性、学习目标的多元性、学习内容的丰富性和可选择性及体育教学情境的随机性和多变性，决定了体育教学过程的复杂性和创造性。有学者认为，有效教学的实质，就是要促进学生形成有效学习，即"有意义学习"的过程，有效教学的要素就是与有效学习的八大要素（情境、个性、动机、选择、建构、应用、计划、评价）"相当精确地保持一致"的起促进作用的八大"外部事件"。事实上，这八大"外部事件"同样是实施有效体育教学所必须把握好的。

（1）精心创设良好的学习情境，营造良好的学习氛围。

（2）全面掌握学生的个性特征，了解学生的个体差异。

（3）善于激发学生的学习动机，点燃并保持积极的学习意愿。

（4）及时引导学生的选择性注意，帮助学生明确学习指向。

（5）合理促进新旧知识的联系，加强新知识意义的领悟。

（6）注重体验学习，促进学生对新知识的理解、巩固和迁移。

（7）巧妙指导学习计划，提高学生的"元认知"水平和能力。

（8）重视指导评价反馈，提高学生自控学习的意识和能力。

（二）全面践行之有效体育教学的五大关键行为

美国学者鲍里奇在他的著作《有效教学方法》（第四版）中归纳了促成有效教学的五种关键行为，即：①清晰授课；②多样化教学；③任务导向；④引导学生投入学习过程；⑤确保学生成功率。他在该著作中还进一步阐释了每一种关键行为在教学活动中的具体表现。五大关键行为及其教学表现也是实施有效体育教学需要全面践行的。

（三）把有效教学理念真正落实到体育教学过程中

体育与健康新课程在课程理念、课程内容的呈现形式及教学方式的选用等方面发生了显著变化。这些变化在给体育教师创造性地开展体育教学提供广阔舞台的同时，也给体育教师的有效教学造成了困惑。一方面，体育教师需要重新课程的视角重新审视体育教学的有效性，因为传统教学理念下的有效体育教学在新课程的视域中不一定是有效的；另一方面，体育教师需要详尽地分析本校的体育教学资源和学生的体育学习需求，独创性地设计体育教学过程。

在新课程的理念下，教学过程被界定为"师生交往，积极互动，共同发展的过程"。在教学活动中，人与人之间的关系不再是单向的"输出——接受"关系，也不是被动的"刺激——反应"关系，而是一种相互作用、相互交流和沟通的双向互动关系。这样，教学交往实践与传统的教学活动相比，它不再是单一教学主体与教学客体之间两极摆动的抽象过程，而是对现实的教学活动中多极教学主体之间相互作用、相互影响的真实反映和生动刻画，是教学主体之间相互以共同客体为中介的一种对话、交流和沟通的过程。体育教学过程具有一般教学过程的共同特点，基于交往实践观念的体育教学过程要落实好如下要点：

（1）创设宽松、和谐、平等、充满活力的教学氛围。

（2）使学生明确一节课、一个单元的学习目标。

（3）鼓励学生在达成目标的过程中挖掘自己的潜能。

（4）帮助学生发展学习经验，给学生提供相互交流的机会。

（5）鼓励学生积极与教师对话。

（6）启发学生积极思考完成学习任务的不同途径，学会学习。

（7）当学生提出的假设与事实有矛盾时，鼓励学生相互探讨。

（8）鼓励学生大胆地表现自我，展示自我。

（9）在保证安全的前提下，鼓励学生向自我挑战，并具有一定的冒险精神。

（10）在活动中引导学生运用已有的运动经验进行动作组合与创新练习方法。

（11）给学生时间在相关媒体中寻找答案，并创造自己的想法。

（12）无论学生成绩如何，要让学生感到教师在关心他，并用富有感情的方式对待学生的每一点进步。

第三节　课外体育活动实施模式构建

一、课外体育活动的价值

课外体育活动以其丰富多彩的活动内容，自由、自愿的活动形式深受广大学生喜爱，因而，学生自觉、主动、积极地参与体育活动，享受体育活动带来的生活乐趣，可以受益终身。

概括起来，课外体育活动主要有以下几方面的价值：

（一）提供有效的体育锻炼空间和强度

课外体育活动能够为学生体育锻炼、增强体质提供有效的时间、空间和强度等的保证，课外体育活动通常具有一定的运动负荷，对于大学生身体健康的提高具有直接作用。

（二）贯彻终身体育思想的重要环节

学校体育作为树立学生终身体育思想的重要手段，通过体育课程，不仅要传授学生运动技能、激发运动兴趣、培养社会适应能力，还要进一步强化学生的终身体育思想。课外体育活动对学生终身体育的作用主要体现在以下几方面：①课外体育活动能培养学生终身体育的兴趣；②课外体育活动能培养学生终身体育的意识；③课外体育活动有利于巩固和提高学生的运动技能，从而培养学生终身体育的能力；④课外体育活动能培养学生终身体育的习惯，使学生知道生活的一切空间和时间都是可以进行体育活动的，而不只局限于学校内的体育课，由此形成学生的终身体育思想和习惯。

（三）促进大学生的社会化

人与动物的最大区别是人具有高度的社会化过程，而动物没有，可以说，人只有充分地社会化后，才能真正称其为人，也才能使人从动物界中完全分离。人要实现社会化，首先要通过社会关系的发生而实现。每一项课外体育活动都具有明确的规则，当学生在进行课外体育活动时，这些有关公平、平等的规则理念就深植于学生的头脑中，而这些习得性的规则会在学生日后的其他社会生活中起到潜移默化的作用，进而对学生社会化的进程起到了促进作用。

（四）培养优良的思想品德，丰富和活跃精神文化生活

社会主义的教育是要培养全面发展的劳动者。在课外体育活动中，通过进行多种形式的政治教育、革命传统教育活动，可以提高受教育者的思想政治觉悟，培养受教育者热爱祖国、热爱人民的情感；通过参观访问，学习现实生活中的先进人物、先进事迹等，可以使受教育者对照自己，找到差距，不断提高；通过参加社会公益劳动，争做好人好事，可以提高受教育者的良好道德品质；通过课外阅读、参观、访问、讲演、竞赛等活动，还可

以不断地丰富受教育者的精神生活，使其健康活泼地发展。受教育者参加一些社会主义物质文明和精神文明的建设活动，可以得到多方面的锻炼，更加有利于自身的发展。

课外体育活动对促进学生身心健康发展、树立终身体育意识、养成终身体育的习惯及社会化具有积极作用，因此，要充分认识课外体育活动的重要性，尤其使体育教师明确，开展课外体育活动，丰富课余生活，有利于学生的全面发展，为学生的健康成长营造一个良好的育人环境，增强他们组织好课外体育活动的主动性、积极性。重质量，讲效益，通过活动，增强学生的体能，发展学生的体育特长，为他们今后的深造奠定基础。域外一些学校体育发达的国家普遍十分重视课外体育活动。

二、课外体育活动实施模式构建

（一）构建课外体育活动实施模式的理论基础

1. 构建课外体育活动实施模式的理念

理念是行动的先导，有什么样的理念就会有相应的行动方式。构建课外体育活动实施模式首先要转变行政理念。

第一，树立"健康第一"的理念。"健康第一"既是贯彻落实中共中央有关文件精神的需要，是深化体育课程改革的需要，更是切实提高中小学生体质健康水平的现实需要。

第二，树立公共服务的理念。构建课外体育活动实施模式的理念是把课外体育活动作为公共体育服务体系去构建，实施过程中突破原有课外体育活动的封闭性，注重学生在学校外、假期中的体育参与，致力于构建为广大学生提供基本的公共体育服务体系，以提供公共体育服务为宗旨，为学生身心全面发展服务。

2. 构建课外体育活动实施模式的理论基础

课外体育活动离不开体育教育实践活动，它是与社会发展背景，尤其是教育背景密切相关的。

一是素质教育理论基础。所谓素质教育是根据我国目前现行的社会经济发展的需要，以全面提高学生的基本素质为目的的一种教育。素质教育作为一种教育观念，是为了使教育适应社会、改造社会而提出的新的教育思想，它包括基础教育、文化素养教育、心理发展水平教育和终身教育素质教育要面向全体学生，以期提高全体国民素质；应促进学生的全面发展；要尊重学生的主体地位，让学生主动发展；要坚持因材施教的原则；要重视学生能力的培养和对未来社会的适应。在大课间体育活动中，教师和学生共同参与完成。学生是有主观能动性的个体并蕴藏着巨大潜能，在活动中能够很好发现问题、解决问题，在此过程中学习自我评价，从中学会学习、学会生存、学会创造以及如何做一个思想品德、知识技能、身心健康全面发展的人。而教师承担的职责则是指导学生如何做一个有理想、有道德、有文化等能适应社会的人。由此可见，教学生做人和学生学会做人必须同时调动两方的积极性，靠双方密切的协作和配合才能完成。

二是以人为本理论基础。众所周知，教育的目的就是要培养完全的人、不断超越的人及有创造力的人。而体育作为教育的一个重要组成部分，在人的不断发展和追求过程中是不可或缺的，尤其是在培养人的完美性格和完美人生方面起着举足轻重的作用。大课间体育活动作为体育教学的延伸，除了对学生认知发展有积极的促进作用外，对激发学生的体育兴趣、提高社会适应能力、增强心理健康有着其他课程所不能替代的作用。从人本主义教育的观点看，教育的根本目标是使学生成为独立、自主、有效的学习者。学生只有参与了教学过程，才有可能对教材做出有意义的发现，才能产生学习动机。而大课间体育活动恰恰满足了教育方面的要求。在这个活动中，学生是主体，坚持以人为本，通过自己的亲身体验，在融洽的活动氛围中自由地表现自我、认识自我，进而改变自我、实现自我。此时的大课间体育活动已不是一种按预设方案进行的活动，而是一种让学生在良好的人际关系中体验的动态过程，它通过学生自己发现问题和解决问题来达到对经验意义的理解，从而有效影响其行为。

（二）值得大力推广的大课间体育活动

大课间体育活动改变了过去一成不变、单调枯燥的课间操形式，在时间上，由原来的15分钟延长到25～30分钟；在功能上，由调节心智功能拓展为健身和育人功能；在内容上，加入了学校的自编操、武术操及各种小型多样的体育活动与体育游戏；在参与形式上，由原来的"教者发令，学者强应"改变为全体师生共同参与。大课间体育活动具有较强的综合效益，既有利于发展学生的体能素质，又有利于对学生运动兴趣的激发和运动技能的提高，有利于促进学生终身体育习惯的养成，还有利于对学生良好心理品质及社会交往能力的培养。不仅如此，在师生共同参与的形式下，不仅有助于师生之间的沟通与交往，有助于新型师生关系的建立，而且有助于提高教师的健康水平，从而提高教师的工作和生活质量。

第四节　体育校本课程开发模式构建

一、体育校本课程开发的作用

（一）有助于全面推进素质教育

体育校本课程开发是开发主体依据学校自身的特点和条件，根据学生的实际情况，满足学生体育学习需求的课程开发活动。体育校本课程开发关注学生的个体差异，尊重和满足学生不同的学习与发展需求，有助于学生的积极参与和潜能开发，有助于学生的全面发展。

（二）有助于更好地体现学校办学特色

体育校本课程开发一般有以下两种形式：一种是利用当地的经济、文化、地理环境等资源开发的地域性运动项目；另一种是根据学校或周边社区的体育资源，结合学校的办学理念和实际情况开发的体育特色课程。如果学校将地域性运动项目科学地纳入体育课程或开发出适合本校发展的体育特色课程，都能很好地体现各个学校的办学特色。

(三) 有助于丰富和完善学校体育课程结构

国家课程、地方课程和校本课程是我国基础教育的三级课程体系，三者构成了课程的整体。体育校本课程开发过程中充分利用了校内外的课程资源，使学校的体育课程资源得到优化配置，与国家体育课程开发、地方体育课程开发协同完善体育课程开发，使学校体育课程的整体结构更加丰富和完善。

(四) 有助于提高中小学体育教师的专业水平

首先，体育校本课程开发赋予了体育教师一定的课程自主决策权，为教师专业水平的发展提供了广阔的空间；其次，体育校本课程开发是一项有计划的主动变革策略，有助于增强教师的课程意识，调动他们参与体育校本课程开发的积极性，从而使体育教师主动提高课程开发的业务水平；最后，体育校本课程开发是一个团体的合作与探究过程，在这一通力合作的活动过程中，体育教师能在体育课程专家和其他相关人员的指导与帮助下，反思体育教学中所遇到的问题，并寻求解决问题的办法，不断地提高自身的专业水平。

二、体育校本课程模式开发的理论基础

从认识上为体育校本课程开发奠定理论基础的有施瓦布的"实践模式"和斯滕豪斯的"过程模式"。

(一) 施瓦布的实践模式

施瓦布的实践模式有以下几个特点：

第一，强调通过集体审议（这里的"集体审议"是以学校为场所，由校长、社区代表、教师、学生、教材专家、课程专家、心理学家和社会学家等组成的集体）的方式来解决课程问题。

第二，主张教师和学生是课程的主人。其中，教师主要负责课程的设计，根据特定的情境发挥个人的创造性，学生有权表达自己的学习感受以及提出疑问并要求解答。师生共同参与到课程开发的过程中，是课程的主体和创造者。

第三，强调把课程开发的过程与结果、目标与手段连续统一。施瓦布认为，课程开发中关注的焦点应该是在课程系统诸要素间相互作用的连续过程，尤其是学习者的兴趣和需要，应把学习者和学习群体置于研究的中心。

(二) 斯滕豪斯的过程模式

斯滕豪斯及其同事所从事的课程行动研究是校本课程开发的另一个理论基础。课程开发的过程模式的主体思想有：

首先，斯滕豪斯的过程模式是从批判泰勒的目标模式中产生和发展的，反对以确定教育目标和实现预定目标作为课程开发的重点，认为课程开发的过程是一个很好的培养创造性思维的过程，主张教育的重点应该放在教育的过程。

其次，斯滕豪斯认为各个学校的情况是各不相同的，主张学校是课程研究和开发的中心，教师是课程开发的主体，教师即研究者。斯滕豪斯强调教师不是课程政策和方案的被动执行者，而是主动的反思者和实践者，教师应参与到教育研究中，在教学活动过程中不

断反思自我，并不断提高自身的教学领悟和研究能力。

　　课程开发的实践模式、过程模式的主体思想与体育校本课程开发的基本思想或基本理念（立足学校，以学生为本，注重课程的生成性和课程改进的行动与研究过程）是相吻合的，二者的理论共同为校本课程开发的兴起和发展奠定了重要的理论基础。

三、满足体育校本课程开发模式的基本条件

　　基于以上对体育校本课程与体育校本课程开发概念的分析与理解，目前学术界对体育校本课程和体育校本课程开发的概念的界定还没有达成一致，各持不同的观点。很多人对什么是体育校本课程，怎样才是体育校本课程开发还很模糊。有人认为，学校的体育活动课或选修课就是体育校本课程；有人认为，体育校本课程开发就是自编体育课程教材。那到底什么是体育校本课程，怎样才算是体育校本课程开发呢？这是一个在体育课程理论上还讨论得不多的问题。体育校本课程开发有两个基本的条件。

（一）校本

　　这可以从以下几方面进行理解：

　　一是为了学校。即在国家《体育与健康课程标准》和地方《体育与健康课程实施方案》的指导下，体育校本课程开发应体现地方特色或学校的办学理念与特色，激发学生体育学习兴趣和满足体育需求，有利于学校和学生的发展，成为学校的体育特色课程并持续传承下去。

　　二是基于学校。即要从学校的实际出发，学校是否要开发体育校本课程，采用怎样的方式和策略，开发到什么程度等，必须结合学校自身条件与特点，要以学校可开发和利用的体育资源为依据。

　　三是在学校中。即"校本"强调课程开发场所是在学校。首先，整个体育校本课程开发的过程，从课程计划的制订、实施到评价活动等，都是在学校中进行；其次，虽然体育校本课程开发的主体是由学校的内部人员（校长、体育教师和学生）和课程专家、学生家长、社区人士等共同组成的共同体，但是学校的体育教师是学校体育教育的具体执行者，是校本课程开发的主要参与者。

（二）过程

　　体育校本课程开发的本质是一个有目的、有组织的、有计划的行动过程。它是一个不断发现问题、反思问题和解决问题，持续和动态的课程改进过程。这一过程应包括课程目标的制定、课程内容的选择和组织、课程计划的实施、学习内容与结果的评价与反馈等环节。开发的目的不仅仅是为了最终的校本课程，最重要的是在整个开发过程中为了学校的发展、教师的提高以及满足学生的体育需求而不断地改进和完善体育教学。体育校本课程开发没有终点，也不可能一劳永逸地解决体育课程中的所有问题，是一个不断循环提高的过程。现根据以上两个基本条件，对一些常见的例子进行分析，如体育教师自编教材行为能否归为体育校本课程开发？如果体育教师不以学校为整体依据，只是凭借自己的兴趣和经验改编或调整课程内容（如自编教材），没有规范程序的过程，且过于封闭、缺乏交流，

其结果往往造成校内课程不均衡和不连续，这样不属于体育校本课程开发。反之，体育教师自主新编（开发）教材是有目的、有计划的，取得教育部门负责人与学校主管领导的同意和支持的项目开发，则可纳入体育校本课程开发的范畴。又如目前在中小学体育课程中常见的"活动课和选修课"，它们都是具体的课程表现形态，能否纳入校本课程？毫无疑问，那些随意性很强、缺乏校本课程开发规范程序、无视学生发展需要、让学生盲目自由活动的"活动课"，因某位教师工作量相对较少（缺乏课程意识）或者根据教师的专项特长就给学生开的"选修课"，这类"活动课"和"选修课"都不是校本课程。相反，那些经过精心设计和实践检验，课程目标、价值和意义明确，能够满足学生的体育兴趣、爱好和发展需要的"活动课"和"选修课"，可归入校本课程。

四、体育校本课程开发模式的理念

厘清体育校本课程开发的基本观点和理念，有利于引导校本课程开发在体育课程实践中健康有序地进行。否则，校本课程开发很可能会出现盲目地为开发而开发的现象。体育校本课程开发理念主要体现在以下几个方面：

（一）树立正确的体育课程观

课程观是人们对课程的基本看法，即对课程的本质、课程的价值、课程的要素与结构、课程中人的地位等基本问题的理解，课程观是课程的灵魂，支配着课程设计、课程实施，影响着学生的发展。在体育课程改革中，任何教育方法、技术的改进都只能是细枝末节的修补，只有转变体育课程观，才能给体育课程带来真正意义上的变革。

长期以来，广大体育教师没有课程的意识，形成了课程改革就是"教学方法的改革"的思维定式，没有从课程层面上思考问题的实质。教师的工作精力主要放在如何设计教案、如何复习旧知识、如何讲解新知识、如何组织教学、如何突出知识的重点和难点等，却往往忽略了学生这一课程教学中最重要的要素，他们的感受、体验、学习态度、学习方法、成长和发展并未受到足够的重视。因此，这么多年的教学改革并没有取得很好的效果，反而在一定程度上让人对体育教学感到更加迷茫。

事实上，很多教学问题的真正症结是课程问题，只有站在课程的立场，才能找到解决问题的途径和办法。所以，只有体育教师树立起正确的课程观才有利于体育课程改革朝更好的方向发展。科学的体育课程观不应再把课程局限于"经验""学科""教学科目"等狭隘的范畴内进行理解，也不应该把体育课程改革局限在体育教学方法的改革上。具体来说，正确的体育课程观应该是：

①"教师即课程"。即赋予体育教师更多的课程自主决策权，而不是课程的被动执行者，教师有权对预设的课程内容根据具体的教学情境进行一系列的完善，是课程的创生者。②学生是体育课程的主体。一方面，学生的体育需求和兴趣是体育课程的依据；另一方面，从深层次上看，学生创造着课程，不应把体育课程及其教材看作是学生必须毫先保留地完全接受的对象，而应发挥学生对体育课程的批判能力和建构能力。

总之，正确的体育课程观应尊重教师的专业自主权，尊重学生的主体地位，教师和学生不是体育课程被动的执行者，而是体育课程的创造者。具有正确课程观的体育教师应注重课程的价值与意义，在课程实施过程中不断提升自我，并且发挥学生的主体性，尊重和培养学生的体育兴趣，满足学生的体育需求，帮助学生形成一技之长，增强学生的成就感，从而为学生的终身体育打下良好的基础。

（二）突出学校的特色

随着课程权的下放，不再统一规定具体的课程内容，学校便获得课程内容的决策权，有了自由创造的空间，从而改变了原来所有学校的课程都是"千篇一律、一个模式"的现象，各地方的各个学校可以根据自身的办学特色和实际情况设计不同的课程内容，开发出属于本校的体育特色课程。学校的体育特色项目可以体现在民族特色项目、地域特色项目和学校传统项目上。

（三）明确主体，通力协作

随着国家三级课程管理体制的确立，学校在课程上有了一定的自主决策权，可以成立本校的体育校本课程开发团队，该团队一般是由学校校长、体育教师、课程专家、学生以及家长和社区人士等组成的共同体，一起参与体育校本课程开发工作。虽然体育教师"是体育校本课程开发的主要承担者、实际的操作者，在整个课程开发活动中处于核心地位"，但仅仅依靠体育教师的力量，体育校本课程开发的工作是举步维艰的。因此，在明确开发主体的前提下，要鼓励各方的积极性，充分利用团队合作力量，与体育课程专家沟通合作，获得学校校长和社区人士的大力支持。

五、体育校本课程开发模式的原则

体育校本课程开发原则是体育校本课程开发的基本准则。在进行体育校本课程开发过程中往往会受到立场、观点、方法的影响，那么，符合课程开发过程的客观规律的基本要求就显得至关重要了。体育校本课程开发原则能够规范体育校本课程开发目标的设定、内容的确定以及具体行动的落实等整个过程环节，从而取得最大的成效。

（一）针对性原则

针对性原则主要体现在以下两方面：一是针对学生的个体差异性。学生个体的体育文化背景和价值取向存在差异，应优先考虑学生的运动兴趣与发展需求。如在选择课程开发内容上，应当充分了解学生的运动需求情况，尊重学生的个体差异性，尽量开发出适合学生健康发展的课程。二是针对学校的实际情况，因地制宜，切忌盲目照搬。不同的学校，在办学理念、师资力量、体育场地设施等方面存在较大差异。学校体育课程要体现这种差异性和特殊性，否则会失去"校本"的特色。

（二）整体性原则

整体性原则是指校本课程开发与国家课程开发、地方课程开发构成整个课程开发的整体。每种课程开发模式都有各自的优势和弊端。如国家课程开发体现了课程的基础性和统一性，校本课程开发体现了课程的灵活性和针对性，但是二者都具有一些缺陷和隐患，其中任何一方都很难取代另一方。所以，校本课程开发应与国家课程开发以及地方课程开发相互补充，相辅相成，应该体现国家课程、地方课程、校本课程协调一致的整体性。

（三）科学性原则

科学性原则是指所开发出来的体育校本课程必须具备实践操作性，不是空想出来的"理想课程"。主要要求有两点：一是课程结构体系的合理性，体育校本课程要与国家体育课程以及地方体育课程相互补充、相互融合，构成科学合理的课程体系；二是体育课程内容的切实可行性，课程内容必须根据学校的体育场地设施、学生、师资等实际情况来确定，要体现教育性、健身性和趣味性等。

（四）兴趣性原则

"兴趣是最好的老师"，对体育运动的兴趣是学生参加运动的内部驱动力，也是影响学生学习积极性的重要诱因。现阶段，在体育校本课程开发过程中出现了一味为了学校的特色，却忽视了学生体育需求的现象。体育校本课程开发如果激发不了学生的体育兴趣，反而会导致体育课程教学质量下降。当然，也不能盲目追求满足学生的兴趣而忽略体育课程应达到的目标，不能为了一味满足学生兴趣就摒弃一些传统体育内容，如体育运动中走、跑、投等基本技能以及一些体操动作的学习。

（五）特色性原则

特色最能反映"校本"的实质。如果千篇一律，校校都上同样的课程内容就谈不上校本课程，因此，体育校本课程开发必须要贯彻特色性原则。体育校本课程开发的特色主要体现在地方特色和学校特色两方面。

一方面，学校可以根据当地的经济、气候条件、地理环境等方面的资源，结合当地体育传统优势项目，开发出富有区域特色的体育项目，如南方的水上项目、北方的冰雪项目、各民族民间体育游戏等，并且将这类项目作为学校体育课程的一部分纳入体育教学和活动中。另一方面，学校可根据本校的师资条件、场地设施、学生发展需求等实际情况，以校内外的资源和体育传统为依托，充分调动开发主体（校长、教师、学生、家长和社区人士）的积极性和能动性，开发出适合本校的体育课程，切忌照搬别人的模式。

六、体育校本课程开发的类型

校本课程开发是一个很广阔的领域，蕴含着十分丰富的内容。因此，校本课程开发的活动类型是多种多样的，站在不同的分类角度有不同的见解。国内外有不少课程专家学者在充分研究课程开发的基础上，提出了几种很有见解并且得到广泛认同的校本课程开发分类方式，如凯利的分类、艾格尔斯顿的分类、布雷迪的分类、马什等人的分类以及我国学者提出的分类构想等。他们分类的主要依据是校本课程开发的参与人员、范围、活动的具体类型和投入的时间等。所以，对校本课程开发含义的理解不同以及所持的分类依据不同，便有了不同的分类方式。

随着对校本课程开发理解的不断深入，学者对校本课程开发类型的划分越来越具体化、复杂化。

七、体育校本课程开发的活动方式

(一) 课程选择

课程选择是体育校本课程开发中普遍的活动，是指从众多可能的课程项目中决定学校付诸实施的课程计划的过程。课程选择至少需要满足两个条件：一要赋予教师选择课程的权力；二要预留选择的空间。在新课程改革中实行三级课程管理，赋予了教师选择的权力和可供选择的空间，加大了课程内容的选择性，为课程选择创造了条件。《体育与健康课程标准》为学校提供了一系列选择的学习内容标准清单，学校可以从中选择其所要开设的学习项目。

不同学校选择课程内容的标准不同，但为了避免工作的随意性，应遵循以下基本要求：①要有明确的目标；②选择的课程内容与体育课程目标要保持一致；③选择的课程内容与学习者的体育知识基础和其他背景要具有一定的适切性；④教师要有相应的专业知识，在活动中运用并加以发展。

(二) 课程改编

体育校本课程开发中的课程改编是指对课程的目标或内容加以修改以适应不同的教学对象和具体的教学情境。如对体育项目进行适当改造、淡化体育运动的竞技性、简化比赛规则、缩短比赛时间、缩小场地、减少身体碰撞、降低技术要求等，发挥体育运动的健身、娱乐功能。对民族民间体育项目或国外引进的新兴项目进行改造，成为学校体育校本课程的内容之一，如踢毽球、腰旗橄榄球、定向越野、攀岩、轮滑等。

(三) 课程整合

课程整合是指超越不同知识体系而以关注共同要素的方式来安排学校的课程开发活动。其目的一是减少知识的分割和学科间的隔离；二是减少因知识剧增对课程数量的影响，防止学生过重的课业负担。例如，把运动生理学、运动保健学、运动营养学和运动心理学等知识整合成体育与健康的专题，使学生掌握体育健康常识；把突发事件（如火灾、地震）逃生演习融入体育课程学习中，通过学生自身的肢体活动来学习安全知识，达到健身与安全教育双赢的目的。

(四) 课程补充

课程补充是指以提高国家课程的教学成效而进行的课程材料开发活动。体育课程补充材料主要有影像材料、动作模型和图片展示、文字材料等影像材料，为了学生更好地掌握运动技术，教师可以适当地应用多媒体教学技术，如动作视频，让学生对该运动项目有一个相对清晰、形象且直观的概念，帮助学生由动作表象过渡到建立正确的动作概念，加快学生正确掌握动作技术的速度。另外，为了激发学生的运动兴趣，教师可以安排一些高水平运动比赛的视频录像，让学生体会体育运动的魅力，欣赏运动之美。

动作模型和图片展示。在校园体育环境设计中，可以通过展示体育运动图片或动作模型来加深学生对运动技术的理解，达到一种潜移默化的效果文字材料，可以在某一特定的体育课程教学情境中，把与体育相关的时事材料传递给学生。例如，学校运动队参加校外体育比赛的成绩；在奥运会期间，比赛的最新信息、国家运动员参加比赛的成绩、介绍奥林匹克运动文化的资料等。这是结合实际激发学生体育学习动机的方法之一。

（五）课程拓展

课程拓展是指以拓宽课程的范围为目的而进行的课程开发活动。体育课程拓展的目的是让学生有机会获得更多的体育知识，激发学生的运动兴趣，培养学生的运动习惯并形成一技之长，为终身体育打下基础。

体育课程拓展一般可以分为普遍性拓展和个别化拓展两类。普遍性拓展是面向全体学生的，超出正规课程的广度和深度的拓展内容。例如，把体育项目里的走、跑、跳、投等基本内容扩展到趣味运动、拓展训练和体育游戏中来，丰富了体育课程内容，有利于促进学生的身心发展。个别化拓展是针对个别学生（体育的天赋很高或兴趣很浓的学生）的，目的是培养学校的体育特长生。如针对这些学生组建学校田径运动队或成立学校某项目体育俱乐部，利用课余时间对他们进行体育拓展训练。

（六）课程新编

课程新编是指开发全新的课程板块和课程单元的课程开发活动。这类课程可以是突出学校办学特色的"体育特色课程"或体现地方特色的"区域性运动项目"，也可以是为了适应社会发展和进步而开发的新兴体育项目。如目前在我国中小学中十分流行的学校自编操，学校把自编操融入体育课程内容和大课间体育活动中，这样不但丰富了学校体育课程内容，还调动了教师参与课程开发的积极性，激发了学生的体育学习兴趣。

但是，为保证学生掌握体育的基本技能，同时又兼顾各个学校的差异性，上级教育部门一般把体育校本课程开发的课程新编活动限定在整个学校体育课程计划一定的范围内。

八、体育校本课程开发模式的程序

体育校本课程开发的程序是指学校开发体育校本课程的步骤或工作进程。校本课程开发程序的主要模式有斯基尔贝克、塞勒、托马斯以及我国学者的校本课程开发程序，这些开发程序在具体步骤上没有统一的模式，有的是4~5个步骤，有的是8~9个步骤。参照国内外校本课程开发的工作流程，体育校本课程开发的工作步骤可包括如下7大环节：建立组织、情境调查与分析、课程开发目标的拟定、校本课程组织、课程方案设计、课程实施、课程评价。需要强调的是，体育校本课程开发在各个工作环节中都应该不断地改进和完善，是一个动态、持续、循环的行动与研究过程。课程评价不是开发工作的最后环节，而是通过评价来检验、反思和改进活动。

第五节　体育教学模式发展趋势分析

任何一种教学模式都应是一个不断变化、更新的系统，虽然某种模式一旦形成就具有稳定性，但这并不意味着其内部要素和非本质结构不发生变化。所以，稳定是相对的、暂时的，而变化是绝对的、发展是必然的。随着体育教学改革的逐步深入，教学理论的发展和教学观念的更新，一定会对原有模式中各要素或结构进行调整、更新，不断注入新的内容，予以充实。现代体育教学模式有以下发展趋势：

一、总体种类趋向多样化

目前，由于教学实践的需要，新的教学思想层出不穷，人们借助多门学科的研究成果、技术和方法，构建了许多新的教学模式，出现了多种体育教学模式并存的发展趋势。随着体育教学改革的发展，一些先进模式被引进体育教学，先后出现了"发现学习模式""主导学式教学模式""俱乐部制教学模式""课课练学习模式""合作教学模式""小集团竞争模式"等。任何一种教学模式，只能适用于特定的教学情境，每一种教学模式都有其自身的优点和不足。不同体育教学模式不是排斥的，而是相互取长、借鉴、补充，发挥着各自特有的功能，为体育教学实践提供了选择体育教学模式的广阔空间。

二、形成途径趋向演绎化

体育教学模式的形成存在着两种方向：一是从体育教学实践中归纳，二是从某种理论中演绎。传统的体育教学模式多是从体育教学实践中总结出来的，是归纳型的教学模式。当代出现的一些体育教学模式大都是依据一定的理论构建的，是属于演绎型的。从归纳型向演绎型发展，表明了体育教学论及其研究方法发生了变化，科学水平有了提高。现阶段的学校体育要贯彻"健康第一"的指导思想，体育教学要使学生身心得到全面发展，张扬学生个性，培养学生的创新能力、协作精神和社会适应能力，以什么样的培养模式才能完成培养目标，就需要运用演绎的方法去创造新模式。

三、师生关系趋向合作化

教学过程中关于教师和学生谁是中心的问题，在教学发展史上长期争论不休，存在着两种观点，一种是教师中心论，一种是学生中心论。前者的坚持者有赫尔巴特、凯洛夫等；后者的坚持者有杜威、罗杰斯等。体育教学中的"注入式"与"放羊式"就是以教师为中心和以学生为中心的两个典型模式，人们从前者那里发现了学生主体地位的丧失和受动性的无止境延伸，又从后者那里看到了教师主体地位的冷落和学生主动性的放任自流。因而，这就促使人们不得不重新审视教师和学生的关系，既重视发挥教师的主导作用，又重视学生学习的积极性，教师和学生共同合作完成教学任务，由此成为现代教学模式的一个发展趋势。

四、目标指向趋向情感化

现代教学理论研究和教学实践活动都已表明，学生的智力因素与非智力因素在他们的学习活动中都有着积极的重要作用。现代教学模式的构建过程，改变了传统的教学活动中片面强调智力因素的作用，忽视非智力因素对人的发展功能的做法，把培养学生对体育学习的兴趣、激发学生学习动机、树立正确的学习态度、养成良好的体育锻炼习惯放到教学活动的重要位置。无论是教学方法的选择与运用、教学活动的组织与实施、教学效果的测验与评价，都考虑学生的心理需要，注意有利于发挥非智力因素的作用，力争使学生在愉快、积极、向上的情绪体验中掌握知识，培养和发展能力。如情境教学模式、快乐体育教学模式，均设有一定的问题情境，使教学过程具有复杂、新奇、趣味等特征，学生在一种浓厚的兴趣、强烈的动机、顽强的意志状态下学习和掌握体育知识技能，更能激发学生求知的内驱力，保证学生以最佳的情感投入到体育学习中。

五、技术手段趋向现代化

随着科学技术的发展，越来越多的现代体育教学媒体不断涌现，这不仅大大丰富了教学中信息传递的途径，同时，也促进了体育教学模式的改革。许多体育教学研究者开始了这方面的探索，出现了一些新的体育教学模式，这些模式大多注重运用现代科学技术的新成果。如在体育教学中运用新媒体教学帮助学生建立正确技术表象；健美操课运用新媒体技术手段培养学生的创编能力等，电子计算机辅助教学越来越受到重视。

已有研究资料表明：一个正常人的五官对于知识的吸收率中，用眼睛所接收的信息占83%，用耳朵所接收的信息占11%，这两者共占94%。而且，两者并用，远比分开利用效果好得多。可见，在教学模式的运用过程中，充分利用现代教学手段，将学生的视觉与听觉有机地结合起来，往往会取得更好的教学效果。新媒体就是典型代表之一。

新媒体时代带给人们全新的世界观、人生观、价值观，对高校体育教学带来新的发展机遇。其中，新媒体时代高校体育教学模式要重新构建，改变传统的教学模式，将学生的主体地位进行提升，使教师真正成为学生体育学习的指导者与组织者，让越来越多的学生对体育知识有所掌握，对新媒体时代有所了解。在新媒体时代下，体育教学模式要在教学理念、学习理念的指导下，将新媒体元素融入其中，使教学活动主体与客体形成稳定关系。因此，在高校体育教学模式构建中，要充分发挥新媒体的全面性、及时性、稳定性，从根本上带动高校体育教学的发展与进步。

（一）媒体化教学模式

新媒体时代最为主要的标新形式便是媒体。在大众传媒的发展中，各类媒体层出不穷，如雨后春笋般出现在大学生的面前，因此，新媒体时代要建立媒体化教学模式，该模式不仅符合社会发展的要求，并且满足大学生对传媒的渴求。此外，媒体化教学模式在教学方式、教学手段上有所改变，不仅将传统、单一、乏味的教学模式进行改革，并且依据时代发展、学生要求，将媒体融入教学之中，充分调动学生的学习兴趣，改变学生对体育课程的认识。比如，体育教师在教授武术之前，可以利用多媒体将有关武术的视频、图片进行播放，在观看视频中将武术的要点、难点进行讲解，使学生在图文并茂、声像结合的模式下对武术有所认识，提高课堂教学效率。

（二）集体化教学模式

集体化教学模式是在传统教学模式与新媒体教学模式的结合中产生的，所谓的集体化教学模式是指学生在同一个集体内，将自身的主动性进行充分发挥，使知识成为该教学模式的关键因素。在集体化教学模式中，学生可以将自己对体育知识的认识进行讲解，也可以将体育教学中的不满进行发泄。集体化教学模式以学生为中心，在教师创设情境模式之后，让学生利用计算机、网络等媒介处理教学中所出现的问题，并且可以使用 QQ、微信等通信工具与教师、同学进行讨论，将教学中存在的缺陷与不足及时反馈给体育教师，便于体育教师对日后教学内容进行改正，从根本上实现教学相长，提高体育教学的有效性。

（三）协作化教学模式

现如今，人们在遇到困难之后首先想到的解决方法便是网络，高校大学生亦是如此。根据资料显示，大学生在遇到问题之后，采用"百度"解决问题的概率高达 90% 以上。因此可以得知，新媒体时代带给人们"足不出户便可知天下"的方便与快捷。针对于此，高校体育教学模式须建立协作化教学模式，将媒介资源的共享性以及交互性充分融入高校体育教学之中，使媒介逐渐成为新媒体时代的发展基础。此外，在新媒体时代，协作化教学时代的内容变得更富多彩，促使学生对高校体育课程有全新的理解。比如，在课堂中，体育教师要利用计算机将运动动作进行模拟，像篮球运动，从运球，到投篮，均可以在计算机的辅助下让学生能够对技术动作有所掌握。此外，体育教师还可以设置相应的体育游戏与体育知识练习，在提高学生学习兴趣的同时，能够使学生全面掌握体育知识。

在新媒体时代，各类体育教学模式能够丰富教学内容，改善当前教学现状，对高校体育教学而言有百利而无一害。但是，众所周知，新媒体时代发展迅速，各类信息更新换代的速度过快，如不加强对新媒体时代的把握，稍纵即逝便会被新媒体时代所淘汰。因此，高校体育教学模式在建立之后，须跟随新媒体时代的发展，不断改变教学模式，使体育教学模式能够完全符合时代发展需要，不断丰富体育教学内容。体育教师要增强自身的媒介素养，对新媒体进行掌握与了解，不断丰富体育教学内容，避免体育教学内容老旧、落后。此外，体育教师在遵循教学目标中，可以与学生开展讨论，将学生喜爱的体育活动列为内容之一，从而提高教学效率。

时代的发展造就了媒介的进步，在新媒体时代，我国高校体育教学受到影响，传统的教学模式无法适应社会的需要，对大学生的发展产生消极作用。因此，将新媒体时代的特点与高校体育教学进行融合，使其具备现代化、媒介化，从而带动高校体育教学的有效发展。

第五章 体育运动心理与疾病的预防

第一节 体育运动心理学知识

一、心理健康概述

广义地说，凡是体育运动都可以促进心理健康。但对"体育运动"一词的全面理解，应该包括竞技运动和社会体育。前者是指以突破个人身心极限、创造优异成绩为目的的训练和竞赛活动；后者系指以增进健康、促进个体全面发展、愉悦身心、丰富社会文化生活为目的的体育教育和全民性的体育活动。

（一）心理健康的概念

人们对"健康"的认识，促使人们对体育运动功能有了新的认识，开始意识到体育运动的意义与功能不仅仅只是健身，而且还可以达到理想的健心效果。

心理健康是一种生活适应良好的状态。心理健康的含义至少应包含四个维度：认知维度、情绪维度、人格维度和社会适应维度。如果将人格中的许多生活习惯归因于认知，则人格维度可与认知维度合并成为三个维度即：认知、情绪和社会适应。

（二）心理的本质

心理是脑的机能，即任何心理活动都产生于脑，所有心理活动都是脑的高级机能的表现；心理是对客观现实的主观反映，即所有心理活动的内容都来源于外界，是客观事物在脑中的主观反映。

1. 心理是脑的机能

生理心理学和神经生理学研究表明：动物在进化中产生了神经结构这一物质基础之后，就有了心理机能。随着进化，动物越是高等，脑的结构就越复杂化，心理活动也就相应越复杂。

随着脑的发育成熟，心理活动才丰富起来。医学界已经能够用脑电图来记录脑中产生的生物电流，从而判断人的心理状态的变化。脑的生理研究表明，每一种心理活动都和脑的某一特定的部位有关。临床观察发现，任何脑部位的损伤，在其生理机能变化的同时心理也会发生相应的变化。脑的某一部分受到损害，与之相应的某种心理活动就受到阻碍。脑是心理活动的物质基础，即脑是心理的器官，心理是脑的产物，心理是脑的机能。

2. 心理是对客观现实的主观能动反映

虽然从物种进化、个体发育、生理研究、临床观察都说明了心理活动是脑的高级机能的表现，任何的心理活动都产生于脑，但是脑不能独立地、凭空地产生心理，而是必须有客观的事物作用于脑，脑对这一刺激产生反应，从而产生心理活动，主要表现在以下两方面：

（1）心理活动是对现实的一种主观反映

客观事物是心理的源泉，脑的机能在于反映客观事物，使客观事物在头脑中形成主观印象，从而产生心理。现实中有鸡、狗，脑中才有鸡、狗的印象；现实中有花，脑中才有花的印象；现实中没有独角兽，谁的脑中也不会有独角兽的形态，主要通过其他动物，再加之个人的联想产生。不仅仅是心理，实质上人的情感、兴趣、信念、能力、性格等，也都是客观世界的反映，只是反映形式不同而已。

人的心理意识具有主观能动性。人脑对客观世界的反映不像录音机和录像机那样直接地复写，而是有一个接受过程，再通过自身的知识水平、客观认识、思维能力、环境影响等进行联系分析，最后得出基本的属于个人的结论的过程。其特点表现在两方面：

第一，人的心理活动对自己的行为、对实践活动有支配和调节作用。人不像动物那样消极被动地去适应环境，仅仅满足生物本能的需要，而是在知识、经验、需要、动机、愿望的推动下，按照计划和方案，有目的地改造自然，改造社会，创造物质财富和精神财富，满足自己的各种需要。

第二，人们已有的知识经验、个性特点和当前心理状态等在反映事物中起重要作用，它们影响着反映，使反映带有个人主观特点，形成人与人之间的个别差异。

（2）人的心理通过人与客观现实相互作用产生和发展

人脑产生心理不是自然发生的，人脑不是生来就有心理活动，比如人最初的记事可能很晚，是在能看到、听到、感觉到外界的事物之后，而不是人一开始看到某物就能记住并产生与之相关的联想。

人只有在现实社会生活的种种实践活动中，通过外界的事物作用于感觉器官，传达到人的脑，引起脑的生理活动，才能够产生和发展心理活动。感觉、思维、意志、兴趣等一切心理都是客观世界对人的影响，通过脑的活动而产生一系列的反应。离开了客观现实对脑的作用，离开了由此而引起的脑的反应活动，就谈不上心理的产生。

（三）心理的生理基础

心理的产生是有它的生理基础的。科学表明，人的心理活动，主要是通过神经系统与内分泌系统来实现的。

1. 神经系统

（1）神经系统的构成

①中枢神经系统

中枢神经系统包括脑和脊髓。人脑的构造主要包括脑干、小脑与前脑三部分。a. 脑干的功能主要是维持个体生命，心跳、呼吸、消化、体温、睡眠等重要生理功能均与脑干的功能有关。b. 小脑和大脑皮层运动共同控制肌肉的运动，借以调节姿势与身体的平衡。c. 前脑属于脑的最高层部分，是人脑中最复杂、最重要的神经中枢。前脑又分为视丘、下视丘、边缘系统、大脑皮质四部分。

②周围神经系统

周围神经系统由脑神经、植物神经和脊神经组成。①脑神经有 12 对，包括嗅神经、视神经、动眼神经、滑车神经、三叉神经、展神经、面神经、位听神经、舌咽神经、迷走神经、副神经、舌下神经。②植物性神经，是整个神经系统的重要组成部分，根据其形态、功能的不同，又分为交感神经和副交感神经两部分。③脊神经共 31 对。颈神经 8 对，胸神经 12 对，腰神经 5 对，骶神经 5 对，尾神经 1 对。

③神经元

神经元是神经系统的基本单位，即神经细胞。人脑被认为是由 1011 个神经元构成，神经元的机能就是产生兴奋和传导兴奋。

（2）神经系统的作用

在情绪活动的同时，将会伴随一系列复杂的体内生理的变化，特别是植物神经功能的改变。如果是好的积极的情绪状态，对个体身心健康可有促进作用，能为人的神经机能增添新的力量，充分发挥机体的潜能。

不良的情绪活动会对机体产生负性刺激。如果这种情绪反应是短暂的，植物神经系统会很快恢复正常，体内的生理变化随之复原，身体不会受到影响。如果这种情绪反应受到压抑，得不到必要舒散，或持续时间过长，就会使人的整个心理状态失去平衡，植物神经系统功能紊乱，体内生理变化受到影响，不能恢复正常，结果使细胞生长失控、突变，导致癌症的发生。当一个人焦虑、压抑、愤怒时，心率加快，面部潮红或苍白，呼吸加快，血压增高；严重忧郁时，出现心悸、胃肠蠕动变慢、腺体分泌减少，以致便秘和消化不良、四肢末端血管收缩。

植物神经功能紊乱过于强烈持久，便可能造成多种躯体器质性的损伤和脏器功能紊乱。有人在神经机能紊乱的动物身上发现实验性肿瘤不但早发和多发，而且生长得快。人的忧郁反应导致的植物神经系统功能紊乱，与切断狗或大鼠的迷走神经有相似之处，会抑制胃液分泌与延长了胃排空时间，从而诱发形成胃腺癌。

神经系统在环境改变、接受新的信息（刺激）后，神经系统中的交感神经为适应环境而过度兴奋，造成植物神经系统功能失调，对微循环、内脏机能的调节失控，导致微循环障碍和内脏功能紊乱，可表现为面色晦暗、消化不良、食欲不振、手足冰冷、疲劳思睡、失眠等现象。

2. 内分泌系统

（1）内分泌系统的构成

内分泌腺是人体内一些无输出导管的腺体。人体主要的分泌腺有甲状腺、甲状旁腺、垂体、肾上腺、胰岛、松果体、胸腺和性腺等。它的分泌物称激素，对整个机体的生长、发育、代谢和生殖起着调节作用。

①甲状腺

甲状腺是身体中最大的一个内分泌腺体，是人类正常生存不可缺少的重要器官。作用有：a. 加速糖和脂肪代谢，特别是促进许多组织的糖、脂肪及蛋白质的分解氧化过程，从而增加机体的耗氧量和产热量；b. 提高大多数组织的耗氧率，增加产热效应；c. 促进生长发育；d. 提高神经系统的兴奋性。

②甲状旁腺

甲状旁腺分泌的甲状旁腺素起调节机体钙、磷代谢的作用，使血液中钙与磷保持适宜的比例。

③脑垂体

脑垂体分泌多种激素，如生长激素、催乳素、促性腺激素、促肾上腺皮质激素、促甲状腺激素。除这些激素外，垂体还分泌有促甲状旁腺激素、促黑激素等。

④肾上腺

肾上腺分为两部分：中心部为髓质，占小部分；外周部分为皮质，占大部分。a. 肾上腺髓质分泌肾上腺素和去甲肾上腺素两种激素，前者能增加心率、增加肌肉血流和释放肝糖原，后者有收缩皮肤血管以增加肌肉血流、升高血压的作用。b. 皮质是腺垂体的一个靶腺，而髓质则受交感神经节前纤维直接支配。肾上腺皮质分泌盐皮质激素和糖皮质激素。

⑤胰岛

胰岛是散布在胰腺腺泡之间的细胞团。其主要功能是调节糖、脂肪及蛋白质的代谢，促进肝细胞合成脂肪酸，促进蛋白质的代谢，对机体生长十分重要。

⑥胸腺

胸腺是一个淋巴器官，兼有内分泌功能。胸腺在胚胎期是造血器官，在成年期可造淋巴细胞、浆细胞和髓细胞。

胸腺的网状上皮细胞可分泌胸腺素，它可促进具有免疫功能的 T 细胞的产生和成熟，并能抑制运动神经末梢的乙酰胆碱的合成与释放。

（2）内分泌系统的作用

社会心理紧张刺激的情绪应激，对于内分泌系统的机能有明显的影响。内分泌系统在维持人体内环境的稳定以及机体的外环境的平衡方面起重要作用。

人受到紧张刺激后，信息马上就会传给大脑皮层，大脑立刻通过神经递质发生作用。比如中枢儿茶酚胺浓度升高，皮质下中枢的神经介质浓度就会发生改变；相反的，内分泌功能改变所引起的体内激素水平的波动，又可能对心理状态发生深刻的影响。这种双重因素的持久作用，严重破坏了内环境的平衡，更难抵御外环境的各种不良刺激。

如果各种刺激反复持续作用于机体，会使机体始终处于一种紧张状态，而缺乏必要的松弛，各种递质、代谢产物在体内积聚，得不到排泄。这些代谢产物作为新的内在刺激物，形成情绪失调的恶性循环，无疑对正常组织细胞的畸形生长，对癌症的发生、发展起着重要作用。

（四）影响心理健康的因素

1. 影响人心理健康的外在因素

（1）人际关系紧张

有的人缺乏较好地处理人际关系的能力，因而人际关系显得颇为紧张。于是，他们就常常表现出愤怒、不安、忧虑、失望等不良情绪。

（2）单调、重复的工作、学习活动

长期从事某项单调、重复的工作，学习某些单调乏味的材料，容易产生乏味心理，从而失去对本职工作、学习内容的兴趣，甚至还会出现厌恶感。

（3）工作、学习的环境和条件的变化

人们在自己已经熟悉的环境、条件下工作、学习，往往会表现得应付自如。但是，一旦变换工作、学习的环境和条件，少数人就会出现某种不适应感。这种不适应感的心理反应主要是指他们在新的环境和条件下与新的同事相处困难，以及不能很快地调整自己安下心来专心致志地工作、学习。

（4）长期应激的影响

由于工作特点所致。例如，公安民警长期处于应激状态，容易引起生理机能和心理功能平衡的失调。

（5）突发生活事件的影响

丧偶、离异、失去亲人等突发性的生活事件都会给人们造成心理上的创伤。

（6）不良生活习惯

如过量的烟、酒等刺激也不利于人的身心健康。

2. 影响人们心理健康的内在因素

（1）情绪因素的影响

不良情绪往往会过分地刺激机体而引起机体功能的紊乱，导致身心疾病；良好的情绪可以减轻或消除精神紧张，保持和调节机体内各系统、各器官功能的协调和平衡，维持身心健康。

（2）生理因素的影响

生理因素指神经系统功能的影响作用。由于遗传基因的不同或营养、创伤等原因，使人表现出不同的神经类型或神经系统的强度。不同神经类型的人，对外界刺激所表现出来的反应能力是不同的。神经类型脆弱的人，具有严重的内倾性，不灵活，刻板性强。神经系统功能脆弱的人能感知到微弱的刺激，因而这些人更容易产生紧张反应。

（3）人格因素的影响

人格特征主要是在后天环境中形成的，它也决定了一个人对环境刺激的反应方式。不具有良好人格特征的人，容易对周围的一切抱着怀疑、恐惧和敌对的态度。这种反应方式会引起他们内心的高度紧张，加重他们的心理负担，从而影响心理健康；而具有良好人格特征的人，能够以积极、乐观的态度对待周围的环境。

（4）认知因素的影响

认知因素对人们的心理健康有着重要的影响。当人们认识到某种不良的心理品质或行为会影响到自己的心理健康时，他们就会加强心理防御，以阻止不良因素进一步入侵或蔓延。当然，有时也会出现认知与反应脱节的现象，这就需要凭借意志来加以调整。

（5）身体健康状况的影响

人们对周围环境刺激所做出的反应往往会由于自身身体健康状况的不同而不同。一般来说，具有良好健康状况的人能够正确感知外界客观事物，并做出恰当的反应，而身体不适或有恙者往往表现出各种不良的情绪状态，例如厌烦、激动、紧张、焦虑、恐惧等。这是运动健身有益于心理发展的原因之一。

（五）体育运动促进心理健康的原因

美国学者考克斯在前人研究的基础上归纳总结，提出了身体活动促进心理健康的原因的六项基本假说，试图从理论上解释身体活动和（或）身体锻炼产生心理效益的机制。这六项基本假说分别是：

（一）认知行为假说

认知行为假说的基本前提是，身体活动和（或）身体锻炼可诱发积极的思维和情感，这些积极的思维和情感对抑郁、焦虑和困惑等消极心境具有抵抗作用。

这一理论解释同班图拉的自我效能感理论是一致的。班图拉认为，人们完成了一项自己认为较为困难的任务后，会体验到自我效能的提高。对于没有锻炼习惯的人来说，身体锻炼是一件困难的事。如果能够使自己养成锻炼习惯，人们就会体验到一种成功感并提高自我效能感。自我效能感的提高，有助于打破与抑郁、焦虑和其他消极心境状态相关联的恶性循环。

（二）社会交往假说

社会交往假说的基本前提是，身体活动和（或）身体锻炼中与朋友、同事等进行的社会交往是令人愉快的，它具有促进心理健康的作用。

这一假说的问题在于它仅仅提供了身体活动和（或）身体锻炼促进心理健康的原因的部分解释，但并不全面。经验和证据表明，活动或锻炼不论是集体进行还是单独进行，都具有健心作用。虽然单独进行身体活动或在家里进行身体活动可能比集体健身活动更具降低抑郁的作用，但我们不能因此就忽视集体活动或锻炼的作用，尤其是老年人。

（三）转移注意力假说

转移注意力假说的基本前提是，身体活动和（或）身体锻炼给人们提供了一个机会，使他们能够转移对自己的忧虑和挫折的注意力，从而使焦虑、抑郁等消极情绪出现短时间的下降。

例如，慢跑、游泳等身体活动能使参与者练习时进入自由联想状态。在单调重复性的技术动作中，通过冥想、思考等思维活动，可能促进思维的反省和脑力的恢复。这种对注意力的有效集中和（或）转移，可以达到调节情绪的目的，从而有利于锻炼者的心理健康。

（四）心血管健康假说

心血管健康假说的基本前提是，心境状态的改善同心血管健康状况的改善相关。身体锻炼增强心血管系统的机能，增加心血管的收缩性和渗透性。健康的血液循环可使体温恒定，有助于保持神经纤维的正常传导性，从而有利于心理健康。

（五）胺假说

胺假说的基本前提是，神经递质类化学物质分泌量的增加同心理健康状况的改善有关。神经递质在神经之间以及神经与肌肉之间起传递信号的作用。研究表明，抑郁的人经常出现胺分泌量减少的情况（如去甲肾上腺素、多巴胺等的减少），而进行身体练习的大鼠则出现去甲肾上腺素水平升高的现象。从理论上分析，身体锻炼刺激了神经递质的分泌，进而对心理健康起促进作用。

（六）内啡肽假说

内啡肽假说认为，身体锻炼促进大脑分泌一种具有类吗啡作用（消痛并出现欣快感）的化学物质。内啡肽引起的这种欣快感可降低抑郁、焦虑、困惑以及其他消极情绪的程度。

尽管这是一个很有吸引力的假说，但研究证据还不够。人体试验尚未支持这一假说。综上所述，前三种假说主要是从心理角度，后三种假说主要是从生物化学角度来说明身体活动和（或）身体锻炼与心理健康之间的关系的。但还没有一种假说可以为这种关系提供令人满意的全面解释。或许对这样一个复杂问题，从多方面进行解释比从单方面进行解释更为妥当。

（六）锻炼行为理论

人为什么要参加体育运动？锻炼行为理论有助于深入理解锻炼行为。目前这一领域的主要理论模型是：①健康信念理论（Health belief model，HBM）；②计划行为理论（Theory of planned behavior，TPB）；③转换理论模型（Trans – theo retical model，TTM）；④社会认知理论（Social cognitive theory，SCT）。

1. 健康信念理论

HBM 假设，人是否产生预防性的健康行为（如参加体育运动），取决于其对自身潜在疾病的严重性的知觉，及其对采取行动的代价与所获利益的评估。如果一个人觉得自己的潜在疾病十分严重，自己处在危险之中，且经自我评估赞成意见胜过反对意见时，他就可能采取健身行为。

这一理论的问题在于与实际情况有一定的出入，因为有许多人参加活动或锻炼的行为并非由降低病患危险的动机激发的。但它还是有效地解释了不活动或不锻炼的原因。

2. 计划行为理论

TPB 假设，人的行为取决于行为意向；行为意向是由个人对行为的态度、主观标准和所体验到的主观控制感共同决定的；主观控制感不仅决定行为意向，而且对行为的产生也有一定的预测作用（图 5 – 1）。

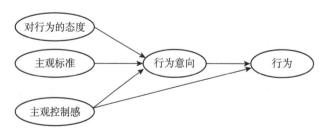

图 5 – 1　计划行为理论

在 TPB 中，行为意向是指在某种条件下，个人是否有开始或维持某种行为（如参加或坚持身体锻炼）的打算，愿意在多大程度上去尝试，计划为此付出多少努力；对行为的态度是指个人对别人或自己从事该行为的评价意见；主观标准是指个人对从事该行为所感知到的社会压力，即对自己有显著影响的人对此行为的评价意见；主观控制感是指个人对实施该行为难易程度的知觉，自己感到是否有足够的选择权。

这一理论考虑到了身体锻炼是自愿行为，重视态度的动机作用，并将客观环境的作用（如来自配偶、亲友、榜样的社会支持以及锻炼的物质条件）体现在主观标准及主观控制感两个因素之中，考虑到了外因通过内因起作用。它提示我们：要激发身体锻炼的动机，须首先使锻炼者产生正确的锻炼态度，同时还要建立必要的社会支持系统。

3. 转换理论模型

前面的两个理论回答了人为何锻炼，为何不锻炼的问题，而 TTM 所关注的是人从"静止"到活动再到保持活动的动态变化过程。TTM 将人的整个锻炼历程分为循环变化的五个阶段（图 5 - 2）。

第一阶段是前意向阶段。在该阶段，个体不打算在 6 个月之内开始锻炼，称作"我将不会……"或"我不可能……"阶段。第二阶段是意向阶段。在该阶段，个体打算在 6 个月内开始锻炼，称作"我可能……"阶段。第三阶段是准备阶段。在该阶段，个体产生了直接参加有规律锻炼的意向（在随后的 30 天内）和承诺变化行为（有时伴随着小的行为变化，例如，在健身中心报名，买一双跑鞋，甚至无规律地参加体育活动），称作"我将……"阶段。第四阶段是行动阶段。在该阶段，个体参

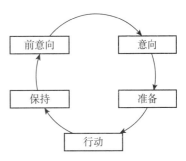

图 5 - 2　转换理论模型框图

加有规律的身体锻炼（每周三次以上，每次至少 20min），但尚未坚持 6 个月。这一阶段是最不稳定的阶段，存在着退出锻炼的"危险性"；同时也可能是最"忙碌"的阶段，因为在他可能正在试用各种改变过去行为习惯的方法。第五阶段是保持阶段。在该阶段，个体已经坚持有规律的锻炼活动达 6 个月，称作"我已经……"阶段。如能保持 5 年，则很有可能成为终身锻炼者。

该理论指出，个体所处的锻炼阶段是一个动态变化的过程，对处在不同阶段的个体应采取不同的行为转变策略，促使其向行动和保持阶段转换。

锻炼组织者应准确判断被试所处的阶段，并采取正确的锻炼干预措施，才有可能激发更多的人从事锻炼活动，假如措施错位，可能会造成锻炼者退出锻炼。

4. 社会认知理论

该理论的核心内容如下：

第一，行为（如参加体育运动）是由个人因素、行为因素以及环境因素三者交互作用，共同决定的，三者相互影响，互为决定因素。

第二，个人因素中包含有认知、情绪和生理 3 种成分。

第三，在个人因素的认知成分中，自我效能感对决定人的行为及实现目标具有极其重要的作用。就身体锻炼而言，高自我效能感的人（如不满意自己当前锻炼行为，设置锻炼目标并坚信自己能够达到此目标的人），总体上容易实现自己的目标。

二、运动心理和动机

（一）运动心理学

运动心理学是一门年轻而富有生命力的新学科。无论是在体育教学领域还是在竞技运动领域，无论是对于体育教师、学生、球迷、记者，心理因素都是人们最常提及的、最熟悉的、最热衷的话题之一，因此非常有必要将这些心理因素作为对象进行系统的科学研究。运动心理学已经成为心理科学和体育科学的重要组成部分。人们已经认识到了运动心理学的重要性和必要性。首先，人们对体育运动功能的认识，已经从健身转变为健身和健心兼而有之，特别是健心功能，是任何其他活动都无法取代的；其次，体育作为德、智、体三位一体的教育的重要组成部分，关系千百万儿童和大学生的全面发展；最后，竞技体育给人们带来力与美的享受，激起了人们无限的热情和渴望。总之，社会对体育运动的需求，给运动心理学的发展带来了勃勃生机和动力。

1. 运动心理学的研究任务

①研究人在体育运动中心理过程的特点和规律，以及人的个性差异与体育运动的关系；②研究体育运动对人的心理过程和个性特征产生的短期影响和长期影响；③研究掌握运动知识，形成运动技能，进行技能训练的心理学规律；④研究运动竞赛中人的心理状态问题。

2. 运动心理学的作用意义

体育运动心理学的理论知识，对体育运动的教学、训练、竞赛与选材有着重要作用。体育运动心理学研究解决体育教学中学生心理状态与各种心理活动的具体规律，揭示了大学生和运动员的心理特征，为体育教学过程中采用合理的教学、训练措施，提供科学的依据，从而有效地影响学生，提高教学质量。

现代运动训练，除了身体、技术、战术训练外，还包括专门的心理训练，它们一起构成现代运动训练的完整体系。整个运动训练都含有心理结构。只有了解身体素质的心理特点，才能有效地指导运动员进行身体训练。运动技术训练是在心理活动的支配与调节下逐渐使动作达到自动化的过程，运动技术水平依赖于心理过程的机能特性和发展水平。如运动表象、空间、时间定向与判断、反应、思维及注意、情绪等，这些因素都参与了技术动作的调节，是提高技术动作水平的基础。

比赛双方在身体能力和技术、战术水平差距不大的情况下，心理因素的重要性就更加突出。对实力相当的两队来说，心理因素的训练和心理能力的发挥，往往在竞赛中具有决定性的作用。在这种情况下，两队交锋，可以说心理能力强者胜。运动员的选拔内容必须包括心理因素。心理选材要依靠一套心理测试、心理实验、心理调查等许多心理测定手段，并根据体育运动学所提供的原理，制定心理素质测验的标准。

3. 运动心理学的研究范围

（1）竞技运动领域

竞技运动领域主要是围绕运动员的心理评定、心理选材、心理训练和心理咨询工作进行的。

（2）体育教育领域

体育教育领域主要围绕如何帮助学生掌握运动技能和增进心理健康两个问题进行的。

（3）大众健身领域

大众健身领域主要围绕参加体育锻炼的动机和体育锻炼与心理健康的关系这两方面进行的。

4. 运动心理学的工作领域

（1）运动员心理特征评定

运动员心理特征评定是心理咨询、心理技能训练和心理选材的基础。通过对运动员心理特征的评定，可以了解不同运动项目之间的心理差异，了解不同运动员之间的心理差异，这既可以更好地进行有针对性的心理咨询和心理技能训练，同时可以为运动员的心理选材提供参考标准。

（2）运动员心理技能训练和心理咨询

中国运动员的心理技能训练和心理咨询工作起初是对射击、射箭运动进行心理技能训练和心理咨询，后扩展到跳水、游泳、体操、田径等运动队。近年来，优秀运动员的心理技能训练范围正在由小到大，其方法也正在由单一到多样，一步一步深入发展起来，心理技能训练的效果正在日益明显地体现出来，并为越来越多的人所认识和承认。

（3）运动员心理选材

一般来说，心理选材需要解决以下问题：①确定出某个专项的关键性心理特征，方法有专家评判、多元回归分析和因子分析等；②确定出关键性心理特征中受遗传因素影响较大的选材性心理特征；③以较高水平运动员为参照体，制定选材模式，包括少年运动员的常模；④对于根据以上模式选择出的运动员进行追踪研究，以检验这一模式的有效性并发现问题，进一步完善选材模式。

（4）解决传输系统问题和培训教练员

在对教练员的培训过程当中，需要强调的重点是：①使教练员具备从科学角度而不是经验角度理解运动员心理问题的意识，认识到科学和经验有时是不一致的；②使教练员懂得有必要首先考察自己的行为是否符合心理学原则；③使教练员具体掌握可操作性较强的心理技能训练方法和心理调节方法，以便在实践中应用；④使教练员认识到心理技能训练同技能训练、身体训练一样是十分艰苦、长期的工作。

（二）运动动机

1. 运动动机的定义

人的行为都是由一定动机引起的。动机是在人的头脑中形成的激发或抑制某个行为的愿望或意向，它是推动人从事某种活动的内部心理动因。运动动机是指推动学生参与体育学习与身体锻炼活动的内部心理动因。它是在学生体育学习和身体锻炼活动的需要与参与运动的环境诱因的相互影响下产生的。强身健体、提高技能、社会交往、情绪宣泄、追求成功、展示自我等都可能是学生参与体育活动的需要。优良的场地、设备、器械，优美的身体锻炼环境，学校、教师、同学的积极影响，丰富多彩的体育锻炼活动，可以成为对学生参与身体运动有吸引作用的环境因素。学生有了从事体育活动的需要，就会产生满足体育活动需要的想法。当这种要求与运动环境及条件诱因相适应时，将成为一种驱动力，推动学生参与体育活动。一般来说，学生的运动愿望是由多种多样的运动项目、体育技能、竞赛游戏等活动唤起的，通过从事这些活动既能满足好动、好玩、好奇、好胜的内在需要，又能进一步增强参与体育活动的心理需求。

学生内部微弱的运动动机难以从外部观察出来，但当它在学生头脑中达到一定强度时，就会促使他们在心理、生理和行为上发生变化。学生在体育学习和身体锻炼过程中表现出的行为努力和坚持性就是他们运动动机的外在表现，体育教师可从学生在体育学习和身体锻炼中的行为表现上观察和推测出他们的运动动机。

2. 运动动机的功能

个体的行为动机好比汽车的发动机和方向盘，既给人以活动的动力，同时把握着活动的方向。运动动机对学生的体育活动和身体锻炼行为起着动力和定向的作用，具体地讲，包括发动、选择、强化和维持的功能，并对体育活动效果产生重要影响。

（1）发动功能

学生不会无缘无故地去体育场进行体育活动，当他们从事某种体育活动时，表明他们内心中一定产生了想要运动的愿望。这个愿望达到一定水平，就成为心理动力，推动自己行动起来。这就是运动动机对学生体育学习和身体锻炼行为的发动功能。

（2）选择功能

运动动机不仅能发动体育活动行为，而且能使学生的运动行为具有稳固而特定的内容，使他们的运动行为趋向一定的活动目标，如在课余时间，可以看到有些学生在跑步，有些学生在打篮球，还有些学生在跳绳，他们各自进行着不同的体育活动。这都是学生运动动机的差异造成的。

（3）强化功能

运动动机通常还决定着学生体育参与行为的努力程度。活动愿望强烈的学生，在体育学练过程中表现出兴趣浓厚、情绪高昂、注意集中、肯于付出的特点，遇到困难时，克服困难的决心也较大。而在体育活动中情绪低落、注意分散、怕苦怕累、遇难而退的学生，往往运动动机不足。

（4）维持功能

运动动机与体育活动坚持时间的长短也有直接关系。当学生参加自己乐于进行的体育活动时，持续的时间就较长，即使在疲劳的状况外也还能坚持一定时间。但若是进行不愿从事的体育活动，持续的时间就较短，想让他们保持较长时间也比较困难。

良好的运动动机对学生的运动行为具有积极的推动作用，因此，应当培养和激发学生正确地运动动机，使其促进作用得到充分发挥。同时，还应当认识到运动动机对学生运动行为的影响是复杂的，只有动机正确且强度适宜时，才能对运动行为起到积极的促进作用，而过弱或过强的动机对体育学习和身体锻炼行为的影响是消极的。不适宜的动机可通过认知、情绪、自我控制等机制对运动行为产生不利影响，造成学生注意涣散或狭窄、情绪低沉或亢奋、技能学习缓慢或动作失误，甚至出现伤害事故。因此，体育教师应当对学生运动动机的性质与强度做出准确的观察、评价和适当调控。另外，还应充分认识到运动动机与体育活动效果之间还存在着相辅相成的关系，即运动动机对体育活动结果有促进作用；同时，良好的体育活动效果也可以增强学生的运动动机。学生在体育活动中实现了预期的目标，满足了心理需要，产生了积极的情绪体验，其原有的运动动机就可以得到加强。

3. 运动动机的种类

学生参与体育活动的动机有很多，可以依据不同的标准加以分类。

（1）生物性动机和社会性动机

根据学生参与体育学习和锻炼活动的心理动因是以生物性需要还是以社会性需要为基础，可将运动动机分为生物性动机和社会性动机。为了获得刺激、眩晕、运动愉快感觉和宣泄身心能量，满足个体的生理性需要而参加体育活动的动机，属于生物性动机或原发性动机。虽然它是相对低级的、个体化的动机，但对学生参与体育活动中的心理和行为影响较大。学生对参与体育活动拥有较大的娱乐、兴奋和宣泄期待，如不能得到满足，会使他们产生心理烦躁、行为不安、注意与情绪难以控制的状态。因此，体育教学应安排得生动、多样、活泼，以适当满足学生的生物性需要。

为了在体育活动中与同伴接近、交往，得到认同，发展友谊，追求完美，施展才能，获得成功，赢得荣誉，满足个体的社会性需要而参加体育活动的动机，属于社会性动机或继发性动机，它是既重交往，又重声誉的运动动机，是后天通过学习获得的继发性动机，具有相对持久的特征，对学生在体育学习和身体锻炼中的人际互动与相互学习，对他们在学习体育知识、掌握运动技能、提高体能水平等方面都具有较大的推动作用。因此，体育教学应注重互帮互助、人际交往、才能展示、合作与竞争等内容的安排，以满足学生的社会性需要。

（2）内部动机和外部动机

根据学生参与体育学习和锻炼活动的心理动因主要由自身内在需要转化而来，还是由外界条件诱发而来，可以将运动动机划分为内部动机和外部动机。源于学生自身好动、好奇或好胜的心理，如渴望从体育活动中获得身体上的快感、乐趣、刺激，以及希望满足自尊心、上进心、荣誉感、义务感、归属感和自我实现等心理需要的动机，属于内部动机；由学生自身之外的诱因转化而来的动机，如教师的表扬、同学的赏识、竞争获胜的奖励、荣誉，或因为迫于压力、避免惩罚与升学考试等原因而参加体育活动的动机，为外部动机。

一般而言，内部动机对学生参与体育活动的推动力量较大，维持的时间也较长。因为由内在需要所引发的活动本身就可以使学生得到某种满足，如运动乐趣的获得、竞争的参与、运动效能感的提高等，无需外力的作用。因此，内部动机的"内滋奖励"是既经济又富有积极推动作用的心理动力。而外部动机对学生参与体育的推动力量相对较小，持续作用的时间也较短。"外附奖励"一旦消失，外部动机的动力作用也会很快减弱。但外部动机并非一无是处，对于那些年龄较小或尚欠缺运动动机的学生来说，利用外部动机引发运动行为还是十分有必要和有效的。

（3）直接动机和间接动机

根据学生参与体育学习和锻炼活动的心理动因是指向于体育活动过程，还是指向于体育活动的结果，可以将运动动机分为直接动机和间接动机。指向于体育学习和锻炼活动的内容、方法或组织形式等当前、直接特征的动机，是直接动机；指向于体育活动可能带来的生理、心理和社会的延迟、间接结果的动机，是间接动机。

直接动机与体育学习和锻炼活动本身相联系，动机内容相对具体，行为的直接动力作用较大，不失为推动学生参与体育活动的有效力量。但当体育活动内容具有一定难度，需花较大、较长时间的努力才能学会和掌握时，或学生对某一练习方法、形式产生单调感、枯燥感时，直接动机作用的局限性就将表现出来，其作用的影响范围和持续时间也就减小。而间接动机虽然相对遥远，与当前体育活动的直接联系较少，但它与长时间活动后产生的最终结果和社会意义相联系，其影响持续的时间较长，能使学生更自觉地、持久地进行体育活动。因此，直接动机和间接动机具有相互联系、相互补充的作用。

4. 动机理论及其在体育运动中的作用

（1）动机的本能论

本能论是动机问题研究的第一个重要理论。受达尔文进化论的影响，早期的心理学家从人类与动物之间的相似性方面探讨了人类行为的动因，试图通过对动物行为或人的意识行为的研究来解释动机问题。本能是指有机体由遗传获得的、与生俱来的、不学而能的行为方式，其对有机体的生存与延续有重要意义。

人出生以后，看待任何事物都是新奇的，任何活动都能引起他们的兴奋。他们要生存、要成长，就要不断地认识周围的世界和自我，而人与动物在幼小时候的认识过程主要是通过体育活动实现的。从抬头、翻身、抓握、爬行、走路和跑步中，他们的活动范围越来越大，观察、接触、认识的新鲜事物越来越多，生活经验也越来越丰富，"天性"在活动中得到发挥，"本能"在活动中获得满足，认知能力也从中得到良好发展。

（2）动机的认知论

认知论认为，动机是建立在选择目标、决策、计划以及对成败可能性分析等认知过程的基础之上的。认知失调理论、期望理论、归因理论等均属于动机的认知理论。

人们有自由选择行为的一种需要，而不愿意被迫或强制性地执行外在的决策，但人们在产生满足内在需要的行为动机时，常常会对自己和外界事件的相互作用加以解释。当人们认为某个外界事件提示了积极的信息，对自己能力给予肯定时，可能会加强满足内在需要的动机。而当个体认为外界事件提供的是较高的控制性信息，试图迫使自己按照某种特殊方式去思考、体验和行动时，人们会感到自我决策的可能性变小，满足自己内在需要的动机就会减弱。

认知评价理论对运动动机的影响越来越大。学生参与体育活动往往是为了追求乐趣和内在需要的满足。在没有任何奖励的情况下，他们可以长时间地进行自己喜爱的体育活动。因此，教师应当首先关注学生参与体育活动的内部动机，鼓励学生出于自己的需要、兴趣去从事身体锻炼活动，教育他们不为外部奖励所影响。

三、体育运动对心理健康的影响

（一）体育锻炼促进心理健康

要了解体育锻炼对心理健康的良好作用，首先应该知道什么是心理健康，这样才有助于同学们对照自己，对照他人，发现不足，有的放矢地学习知识，掌握方法，改善不良的心理。

心理健康标准：有足够的自我安全感；善于从经验中学习；能充分了解自己，并对自己的能力做出适度的评价；能保持良好的人际关系；生活目标切合实际；能适度地发泄情绪与控制情绪；不脱离周围现实环境；在符合集体要求的前提下，能有限度地发挥个性；能保持人格的完整与和谐；在不违背社会规范的情况下，能恰当地满足个人的基本要求。

1. 体育锻炼可以提高学习能力

人们参加体育运动往往需要全身心地投入，因此，体育运动不仅能锻炼身体，而且能增强大脑的认知功能。

（1）体育锻炼可以提高观察能力

体育锻炼项目丰富多样，运动情景错综复杂，需要锻炼者仔细观察、视野开阔、注意力集中等。这在一些球类项目中表现得更为突出，例如篮球、足球、排球等。参与者如果注意力不集中，或者观察不仔细，或者视野狭窄，他就不可能有好的表现，就会出现很多失误，甚至受伤。反过来，如果锻炼者每次都认认真真，在运动过程中不断改进不足，运动锻炼就会给他带来良好的心理效益——提高观察能力。

（2）体育锻炼可以发展想象力

经常参加体育锻炼可以培养丰富的想象力。例如从事体操、舞蹈、武术、健美操等运动，需要在熟练掌握运动技巧的基础上发挥想象力，借助头脑中原有的运动形象，经过大脑加工而重新编制自己需要的新颖套路；而篮球、足球、乒乓球、拳击等运动，则要求在掌握基本技术、战术的基础上，能根据复杂多变的场上情况，采用随机应变的技术、战术，达到战胜对手的目的。经过长期训练，有助于发展锻炼者的想象力。

（3）体育锻炼可以发展思维能力

同其他人类活动一样，体育运动有思维活动的参与。体育运动中任何运动技术、技能的掌握过程，都是人的智力和体力活动相结合的过程，它不仅需要逻辑思维能力，而且需要运动思维能力，包括动作思维、战术思维等。大脑右半球专管人的空间、形象、想象、模仿、直觉思维活动等，因此，在美术、音乐、体育、舞蹈的一些创造性活动中发挥重要作用。在进行运动操作时，右脑半球处于相对兴奋状态。可以认为，参与体育活动能很好地开发右脑功能。长期锻炼的人手快、脚快、动作快，是众所周知的，这是行为的外在表现，其内在的本质是心理的敏捷性突出体现在思维的敏捷性上。

良好的观察力、丰富的想象力、敏捷的思维能力是学习能力的重要组成部分，因此，长期坚持体育锻炼不仅强身还可健智，发展我们的学习能力。

2. 体育锻炼在调节不良情绪方面效果独到

作为学生，他们虽然不像成年人那样在复杂的生活中经历着复杂的情感体验，但由于他们的年龄特征和学校生活的环境，也经常会遇到焦虑、紧张、压抑等情形。在这个时候，可曾体验过用体育锻炼的方式去排解这些不良情绪？其实体育锻炼是一种很好的不良情绪过滤器。

（1）体育运动锻炼与情绪密不可分

运动锻炼过程能产生丰富的情绪体验，运动锻炼也需要适宜的情绪，这是运动锻炼本身的特点所决定的，也是体育运动的魅力所在。有这样一句话讲得很经典："没有运动的情绪和没有情绪的运动，对有机体都是有害的。"意思是说，如果一个人带有强烈的负面情绪，而总处在没有身体活动的静止状态时，有可能导致身体某些内环境的紊乱。反之，如果没有任何情绪去参加运动，也会因有机体未能充分调动而出现活动效率低甚至受伤等不良后果。

（2）运动锻炼可以改善情绪状态

锻炼心理学的多数研究表明，一次锻炼30分钟左右和定期进行锻炼活动都可以产生良好的情绪效果。30分钟的跑步可以使紧张、困惑、焦虑、抑郁和愤怒等不良情绪状态显著减弱，同时使人精力充沛，改善心情。但是这种短期身体活动并不能长期有效地改变消极情绪，所以需要长期身体锻炼才能保持良好的效果。

研究人员对长期慢跑组（每周2次，持续2～4个月）、抗焦虑训练组和对照组（未进行锻炼）进行比较实验，效果如下图所示。结果表明，与对照组相比，慢跑组和抗焦虑训练组的焦虑显著下降，而且这种下降保持了15周。（图5-3）

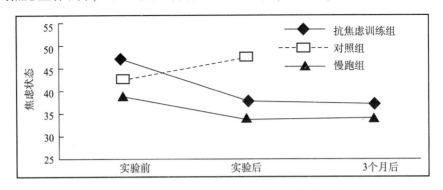

图5-3 长期慢跑、抗焦虑训练与未进行锻炼实验图

运动锻炼不仅能改善不良情绪，还为锻炼者提供了一个体验多种特殊情绪的机会，这种体验可以提高人们的生活质量。例如"流畅体验"，在这种状态下，人忘我地全身心投入所从事的运动中，从活动过程本身体验到乐趣和享受。"跑步者高潮"也称"身体锻炼快感"（因为在跑步以外锻炼活动中也有出现），这种状态是在跑步中瞬间体验到的一种欣慰感，并且通常是不可预料的突然出现。高潮出现时，跑步者的情感体验是欣悦、非同寻常的体能感、动作的优美感、精神焕发以及时空的停滞感等。

3. 体育运动磨炼人的意志

体育锻炼为我们磨炼意志提供了机会。一般来说，完成某项体育活动都会遇到一定客观上的困难（如动作的难度、外部的障碍、外界的作用等）和主观上的困难（如完成动作时的胆怯、困惑、畏惧的心理，身体的疲乏、酸痛等），这些困难就是磨炼意志的机会。当遇到困难时，不畏惧，不退却，努力坚持，克服困难，就是意志培养的过程。体育锻炼为参与者提供了大量的这种机会，所以参加运动锻炼能够激发斗志、培养意志力、增强心理承受力。

要想获得成功，必须能够忍受长期的、严酷的训练，克制或压抑追求享受的欲望。体育运动可以提供一种类似的机会。学生要想在人生中追求成功，也应注意磨砺自己的意志，紧紧抓住体育锻炼带来的每一次机会。

（1）体育锻炼提高人际交往能力和社会适应能力

人际交往与自我认识能力，都是影响社会适应能力的重要因素。对学生来说，无论是现在还是将来，都是非常重要的。几乎所有的集体体育活动都能为人们提供一种社交的环境，提供一种与他人分享某些重要体验的机会。例如接触一些新的人和事物，与他们保持某种特殊的关系等。不管是有组织的还是偶发的体育活动都有这种作用——增强社会交往能力、改善人际关系。尤其是集体性项目可以广交朋友、交流信息、克服孤独感、增强合作意识，通过关心他人、帮助同伴而获得价值感，促使人际关系更加和谐。

（2）体育锻炼有助于认识自我、完善个性

体育锻炼的运动情景，特别是一些集体性的项目，为锻炼者提供了不同角色的体验机会，并在锻炼过程中不断得到同伴对自己表现的反馈，修正自己不准确的自我认识。例如，篮球有前锋、中锋、后卫等角色，每个角色的任务和责任都不一样，如果不按角色行事，就会被同伴批评指责；另外，如果自己不注意配合，拿到球就只想自己表现（可能是自己没意识到的），也会被同伴指责。因此，长期坚持锻炼，锻炼者就会逐渐养成按角色行事的习惯，并在锻炼伙伴的不断反馈中，认清自己的表现，较为准确地认识自我。

（3）体育锻炼是完善个性的理想途径

个性是在社会生活实践中，逐步形成的稳定的观念、态度和行为习惯。体育锻炼在促进个性的形成和发展中起着积极的作用。参加体育活动有助于增强自信心，克服自卑心理。当努力克服困难完成一项活动后，会体验到一种成功感，随着运动成绩的不断提高，自信心也会随之增强。参加体育运动还可以培养豁达的胸怀和处理问题的能力，有利于对社会环境的适应。

对于大学生来说，参加体育活动并使其成为生活的一部分，对提高体力和技能的作用是十分明显的，由此带来的成功感和满足感，以及来自伙伴的赞誉和肯定，更能促进他们良好个性的形成和发展。

4. 体育运动提升审美观

显而易见，有些体育运动项目具有愉悦视觉、满足审美情趣的功能，如艺术体操、花样游泳、花样滑冰等。又比如当今流行的健美操、体育舞蹈、街舞等，无论对观赏者还是对锻炼者本身都给予了一种美的感受。所以，观赏和锻炼这些项目都会提升我们的审美观。

体育锻炼对增进心理健康的作用可能还远不止这些。学生若能在体育锻炼中用心感受，不断总结，定会发现更多、更具价值的作用。

（二）体育运动改善心理状况的技巧

认识的目的在于运用。作为大学生不仅应该知道体育锻炼如何增进心理健康，更应该思考如何运用这些知识，解决我们自己或身边的问题，为我们愉快地学习、生活服务。

1. 走出悲伤找体育

悲伤只是不良情绪的一种表现，同学们在实际学习、生活中可能还会遇到更多的不良情绪，例如，郁闷、焦虑、愤怒等。这里主要强调的是出现诸如此类的不良情绪时，你是否想到利用体育锻炼的方式，来化解不良情绪（聪明人会主动选择摆脱痛苦的途径，而不是沉溺于痛苦的泥潭）。当然，化解不良情绪可能还有其他方式，但是利用体育锻炼来化解不良情绪，肯定是最佳方式之一。既锻炼身体，又摆脱苦烦，一举两得，何乐不为？记住了，体育锻炼是不良情绪的"过滤器"。

2. 有的放矢选项目

虽然我们形象地把体育锻炼比作不良情绪的"过滤器"，但并不是所有运动项目都具有同等的效果，所以应该针对不同情绪性质选择项目。例如，在愤怒情绪下，更适合选择慢跑，在有节律的呼吸配合下，有助于缓解这种不良情绪；在苦闷或痛苦的情绪下，更适合选择情景较复杂、易于沟通的球类项目。在复杂情景中，容易转移对苦闷或痛苦的注意力，在频繁的沟通中，有助于化解这种情绪。（表5－1～表5－2）

表5－1　情绪——运动项目建议表

情绪	运动项目
焦虑	篮球、排球、足球、乒乓球
苦闷	乒乓球、羽毛球、篮球、排球
紧张	瑜伽、游泳、跳绳、慢跑
发怒	慢跑、太极拳、拳击

表5－2　适合磨炼意志的运动项目

类型	运动项目
勇敢类	单双杠、跳马、滑旱冰、攀岩、拳击
坚持类	长跑、跳绳、登山
果断类	拳击、跨栏、跳高、跳远

3. 出现机会不放过

在体育锻炼中出现困难时要坚持，不要轻易退却、放弃，要主动把它作为一次锻炼自己意志品质的好机会。很多学生没有意识到这一点，遇到一点困难就退出锻炼。观念决定行动，如果把观念转过来了，在锻炼中（或其他情境中）遇到困难时，就会用另一种心态去对待它，就不再会觉得那么可怕。

4. 融入情景辨角色

很多锻炼者参加了多年的运动锻炼，但并没有在运动锻炼中吸取到发展个性、改善自我认识、提高人际交往能力的营养。其主要原因就是缺乏融入运动情景，树立角色意识，并按角色分工进行活动的主动性。其实，运动场景就是一个个不同特征的小社会，在这些场景中，不仅发挥运动技术，还有各种角色的扮演，以及与锻炼伙伴关系的处理等。如果主动意识到并在锻炼中认真对待，锻炼后又积极反思，就一定会进步，情商就会显著发展。

四、运动的心理调节与心理健康测量

（一）运动的心理调节

运动不仅有利于身体健康，而且对于人的心理健康和社会适应具有积极的促进作用，从而提高人的生活满足感和生活质量。

1. 产生良好心理效应的因素

运动产生良好心理效应的因素较多，主要因素有：

（1）喜爱运动并能从中获得乐趣

这是运动产生良好心理效应的最重要因素，如果不喜爱或者不能从中获得乐趣，就不可能产生满足感和良好的情绪体验。

（2）运动应以有氧活动为主

有氧活动包括散步、跑步、游泳、骑自行车、跳绳、保健体操等，从事对抗性项目要掌握运动强度与运动量。当然对于大学生来说，从事自己所喜欢的体操、球类运动也是很有益的。

（3）运动负荷应以中等强度为宜

研究表明，在运动过程中，心率最好控制在最大心率的60%～80%之间，每次活动时间不少于20～30分钟，每周3次或3次以上，这样才有利于身心健康。

（4）持之以恒地进行体育锻炼

运动对心理健康的积极效应只有在有规律地锻炼基础上才能显示出来。随着练习总时间的增加，运动所产生的良好心理效应就会随之得到增强。

2. 运动与应激

应激是指个体对应激源所做出的反应。应激反应是一种包含应激源、个体对应激源的评价以及个体的典型反应等因素相互作用的过程。

应激源是指引起应激反应的刺激因素。引起应激反应的刺激因素有生理的、心理的、社会的和环境的因素。生理应激源有热、冷、病、饥饿、睡眠不足等。心理的和社会的应激源有家庭的期望、失去朋友、同其他重要人物发生矛盾、孤独、隔离、失业、失学、司法纠纷、抑郁、焦虑、恐惧等。环境应激源有噪音、污染、洪水、恶劣的气候、人口膨胀等。在日常生活中，这些应激源都有可能会遇到。对大学生来说，应激源可能是测验与考试，或是不喜欢某门课程、不喜欢某位教师、不喜欢与某些同学交往等。

在运动中经常产生的应激，主要是情绪波动、沮丧、过度紧张、心理压抑和焦虑。情绪变化通常是正常和必要的，在一定程度上讲，情绪波动贯穿于整个生命过程，但情绪波动过大，便会对健康和体育锻炼产生消极的影响。沮丧是指在某一目标受阻时，心理产生的一种消极的情绪反应。过度紧张是由于负担过重，使有机体神经处于不正常的工作状态。心理压抑反应（刺激过度）是由于单调、寂寞的生活和工作引起的消极情绪。焦虑是情绪波动的一种表现，是导致更深刻情绪波动的一个根源，常常由于想到一些自己害怕的事情而产生。

为什么有规律地锻炼能减少或控制应激？有不少理论对其进行了解释。一种理论认为，锻炼会引起大脑释放自然合成的内啡肽。内啡肽发挥作用时，会阻碍大脑中与应激有关的化学物质的作用。另一种理论认为，锻炼是一种娱乐活动，能使人的头脑从担忧或其他紧张的思维活动中解放出来。

在进行身体素质锻炼的过程中，如果一个人处于严重情绪波动的状态，会降低身体对外界各种影响的抵抗力，从而影响其坚持进行体育锻炼的意志和决心。在此情况下，既不可能从事有效的锻炼，也不可能获得有效的休息。总之，要想使运动达到良好的效果，就必须排除引起情绪波动的因素。

3. 自生放松训练

自生放松训练包括想象自己的手臂和腿是沉重的、温暖的。当想象这些情景时，个体能够使那些地方血量增加，使得放松反应突然发生；在身体得到放松后，想象一下超镇静作用的情景来放松头脑。自生放松练习要在他人指导语或自我指导语的暗示下缓慢进行。

自生放松训练的可贵之处在于每个人都可以通过自学掌握其基本动作，它对治疗失眠、消除疲劳有显著的功效，还能帮助他人控制自己的情绪。

要想掌握"自生放松"技术，必须发展自我调节的能力，即要学会：

（1）控制骨骼肌的紧张度

按照自己的愿望使之放松，当有必要时能集中它的力量。

（2）按照自己的意愿形成所需要的情绪状态

通过放松肌肉降低兴奋性，自己默念词句使身心达到安静状态，不是由意志下命令直接影响植物性神经系统的机能，而是间接地、通过复现记忆中过去的体验和感觉来实现。

（3）控制注意力

把注意力集中到所需要的方面，需要放松和入睡的时候能将它从注意对象转移开。

那么，人体有哪些组织系统参加了上述过程呢？首先是第二信号系统，然后是肌肉组织和呼吸系统。在反射性联系的基础上这种结合逐渐固定下来，要不了多久就能形成习惯，只要一想到放松时的感觉，肌肉马上就能放松，呼吸也就更有节奏。

放松的方法有多种，各种放松方法的共同点是：注意高度集中于自我暗示语或他人暗示语，深沉的腹式呼吸，全身肌肉的完全放松。

由于大脑和骨骼肌具有双向联系，心理紧张时，骨骼肌也会不由自主地紧张；而当心理放松时骨骼肌则自然放松，反之亦然。因此，通过心理放松，可以使肌肉得到完全放松，从而降低心理的紧张度。

经常使用的暗示语有："我感觉很放松""我的双臂和双手感觉是温暖的"，"我的头脑是安静的，我感觉不到周围的一切"等。

4. 超觉静思

完整的超觉静思需要三个阶段，共需 3 分钟的时间，非常短。这三个阶段是：静坐、调整呼吸、默念关键字。

（1）静坐

静坐，是像和尚打坐那样安安静静地、稳稳当当地端庄而坐。

（2）调息

坐好之后，开始"调息"，即调整呼吸。

那么，为什么调整呼吸就能够使精神集中呢？

因为我们的内脏器官都是在自主神经系统的支配下活动的，即使我们在睡着的时候，它们仍然继续工作，我们的意志是无法控制它们的。但是，只有一个例外，这就是呼吸运动。唯独呼吸具有不可思议的两重性，它既可以在我们无意识的时候进行，同时，又可以根据我们的意志或快或慢地进行。这是由于呼吸在接受自主性神经系统支配的同时，也接受大脑中枢神经系统的控制。它具有可接受两种支配的特殊性。这一点也正是通过"调息"能够使精神集中的重要原因。

人在高兴时，呼吸急促；悲伤时，会不自主地叹气。在体育比赛或考试之前，经常会感到心慌烦乱、呼吸加快，有时甚至于休克而呼吸暂停。然而心理素质好的人，在同样的情况下，却能够心平气和，不发生上述现象。所以说，呼吸与精神之间有着密切的关系。而且，人的意志对呼吸的控制能够达到一定的程度。"调息"是使身心稳定和谐，大脑机能充分发挥生理机能的原因。

静坐是"调息"的准备，静坐好之后便开始调息，其做法如下：①保持心静，安详、自然地微合双目。这是因为如果睁开双目，就会受外界干扰，紧闭双目，又会使内心杂念横生。②采取腹式呼吸方法。首先，慢慢地尽量鼓肚子，同时吸一口气，接着再慢慢地缩肚子，把气吐出来。这样反复练习，慢慢减少呼吸次数。一开始，1分钟做十几次，逐渐地减少到7次、8次。习惯以后，减少到1分钟5～6次。

（3）默念关键词

集中精神，在心中反复默念关键词，把所要解决的问题深深刻入清晰如镜的头脑中。大约持续3分钟，再轻轻睁开双眼，结束超觉静思状态。

关键词的选择方法：应该尽量选择包含着自己愿望并能使自己产生信心的词句，例如："做则成、弃则废"，"干则成，必成，快干"，"信念可穿石"。

5. 表象训练

表象训练又称念动训练、想象训练、心理演练等，它是指有意识地、积极地利用所有感觉在脑中对过去经历过的事进行重现或者再创造的过程。使用这种技术能够降低个体应激水平。其具体方法如下：

（1）表象转移

这一方法是将个人从应激或失败的情景表象中转移至积极的情景表象中。具体实施时可采用"思维中止法"，即当头脑中浮现应激情景并产生焦虑体验时，应大喝一声"停止"，随后，想象愉快的情景。

（2）技能的表象训练

技能的表象训练有助于降低应激反应，尤其是在体育考试之前个体进行技能表象训练，可使自己对成绩的担忧转移到对该活动的注意上。例如投篮考试前，首先可以想象自己正在一个无人的体育馆投篮；然后想象自己在有同伴的情况下投篮；接着想象在所有同学注视自己的情况下投篮；最后，可想象在同学发出对自己伤害性语言的情况下投篮。

（二）心理健康测量

心理健康测量是为了弄清自己或他人心理的健康状况而采取的一系列检查措施。这种检查须依照一定的标准和规范来进行，其结果是通过一定的赋值方式产生的、具有确定性的特征。因此，就其实质而言，心理健康测量是采用某种被认为能反映人的心理健康状况的标准化尺度、对人的心理行为表现进行划分，以推断其心理特征结构在健康尺度上所处位置的方法。

1. 心理健康测量的内容和方法

人的心理健康是由智力、人格、心理适应能力和良好的人际关系所组成的。智力的正常发展是心理健康的基础，良好的人格、良好的心理适应能力和良好的人际关系是心理健康的必要条件，它们的完美结合即构成心理健康的理想模型。由此，世界各国的心理学家们研究制定出了许多不同种类的心理健康测量标准化评判指标和方法，其评判指标和方法一般都采用测验、问卷、量表等形式。这些测验、问卷、量表能从不同角度、不同层面测量出人的训练健康状况。但由于心理健康测量的内容和方法繁多，在此不可能做全面详细的论述，只能就与大学生心理健康关系较为密切的几种测试内容和方法做简单的介绍，同时向大家推荐一种简便、实用和有价值的心理健康综合测量表。

2. 几种常用的心理健康测量表简介

（1）气质测量表

气质是个体心理活动稳定的动力特征。所谓心理活动的活力特征，主要是指心理过程的速度和稳定性，如知觉的速度、思维的灵活性、注意力集中时间的长短；心理过程的强度，如情绪的强调、意志努力的程度以及心理活动的指向性等方面的特点。本气质测验量表（如表 5-3 所示）为自陈形式，计分采取数字等级制，即非常符合 +2，比较符合计 +1，拿不准的计 0，比较不符合计 -1，完全不符合计 -2。

心理学把人的气质分为四种类型：胆汁质、多血质、黏液质、抑郁质。气质类型影响人的行为方式，了解气质可以加深对自我心理特征的认识，扬长避短，优化人格；也可以帮助咨询人员客观地了解来询者的心理特点，以寻求更为适当的指导方法。

表 5-3　气质测验量表

序号	情形	计分
1	做事力求稳妥，不做无把握的事	
2	遇到可气的事就怒不可遏，想把心里话全说出来才痛快	
3	宁肯一个人干事，不愿很多人在一起	
4	到一个新环境很快就能适应	
5	厌恶那些强烈的刺激，如尖叫、噪声、危险的镜头等	
6	和人争吵时，总是先发制人，喜欢挑衅	
7	喜欢安静的环境，不喜欢和人交往	
8	羡慕那种能克制自己感情的人	
9	生活有规律，很少违反作息制度	
10	在多数情况下情绪是乐观的	
11	碰到陌生人觉得很拘束	
12	遇到令人气愤的事，能很好地自我克制	
13	做事总是有旺盛的精力	

序号	情形	计分
14	遇到问题常常举棋不定，优柔寡断	
15	在人群中从不觉得过分拘束	
16	情绪高昂时，觉得干什么都有趣	
17	当注意力集中于一件事时，别的事很难使我分心	
18	理解问题总比别人快	
19	碰到危险情境，常有一种极度恐怖感	
20	对学习、工作、事业怀有很高的热情	
21	能够长时间做枯燥、单调的工作	
22	符合兴趣的事情，干起来劲头十足，否则就不想干	
23	一点小事就能引起情绪波动	
24	讨厌做那种需要耐心、细致的工作	
25	与人交往不卑不亢	
26	喜欢参加热烈的活动	
27	爱看感情细腻、描写人物内心活动的文学作品	
28	不喜欢长时间谈论一个问题，愿意实际动手干	
29	工作、学习时间长了，常感到厌倦	
30	宁愿侃侃而谈，不愿窃窃私语	
31	别人说我总是闷闷不乐	
32	疲倦时只要短暂地休息就能精神抖擞，重新投入工作	
33	理解问题常比别人慢些	
34	心里有话宁愿自己想，不愿说出来	
35	认准一个目标就希望尽快实现，不达目的，誓不罢休	
36	学习、工作同样一段时间后，常比别人更疲倦	
37	做事有些莽撞，常常不考虑后果	
38	老师或师傅讲授新知识、技术时，总希望他讲慢些，多重复几遍	
39	能够很快地忘记那些不愉快的事情	

（2）卡特尔16种人格特质测量表

卡特尔16种人格特质测量表（简称16PE）是在确定了人格结构的16种特质的基础

上，编制的理论构想型测验量表。

卡特尔所确定的 16 种人格特质的名称和符号是：

A 群乐性	B 聪慧性	C 稳定性	E 持强性
F 兴奋性	G 有恒性	H 敢为性	I 敏感性
L 怀疑性	M 幻想性	N 世故性	Q 忧虑性
Q1 试验性	Q2 独立性	Q3 自律性	Q4 紧张性

上述人格特质因素是各自独立的，每一种因素与其他因素的相关度极小。由于这些因素的不同组合，就构成了一个人不同于其他人的独特人性，将 16 个分量表的得分放在一起，可以得到关于被测者个性的剖析图。同时，通过对测试结果的分析，可以评价出被测者在不同职业上的发展潜力，作为就业咨询的参考因素之一；还可以作为精神心理诊断的一种参考。

16PE 共由 187 个测验项目组成，包括 16 种人格特质因素。每一测试题备有 3 个可能的答案，供被测者折中地选择。

（3）艾森克情绪稳定性诊断量表

情绪的稳定性及适应性是衡量一个人心理是否健康的重要因素之一。此量表由 210 道测试题组成，其中包含 7 个分量表，每 30 题为一个量表，分别从自卑感、抑郁性、焦虑、强迫性、依赖性、疑病症和自罪感七方面评价一个人的心理健康状态。

根据被测者在 7 个分量表上的得分可作出情绪稳定剖析图，由此剖析图可反映出被测者的情绪稳定程度，从而为心理咨询提供了依据。

（4）人际关系综合诊断量表

人际关系不和谐的人，其个人的成才及其未来的成就会因此而受到严重的影响，及时地诊断并采取必要的措施予以治疗，是人际关系方面心理障碍的较好途径。

人际关系综合诊断量表由 28 个测试题目组成。其测量结果分为四个等级。总分在 0～8分之间，说明与人相处上的困扰较少，人际关系和谐；总分在 9～14 分之间，说明与人相处存在一定程度的困扰，与朋友关系不牢固，时好时坏，呈起伏波动的状态；总分在 15～28分之间，说明在与人相处上的行为困扰较严重；总数超过 30 分，则表明人际关系的行为困扰程度很严重，而在心理上出现较为明显的障碍。

（5）心理适应能力测量问卷

心理适应能力是指一个人在心理上进行自我调节和自我平衡，以适应社会生活和社会环境的能力。人在生活、学习和工作中常常要面对环境变迁、理想与现实不一致、目标受挫之类的事，这需要主动调整自己，使自己的心理保持平衡。心理适应能力的高低，从某种意义上说，它代表着一个人的成熟程度，同时也是决定一个人的心理健康水平的因素之一。为使心理保持健康，建议大学生对自己的心理适应能力进行必要的自我检测，并据此采取适当的调节对象。自我检测可采用由我国一些心理学专业工作者编制的心理适应能力方面的自测问卷，具有一定的效度和信度。

心理适应能力自测问卷由若干道题组成。其测查结果分为心理适应能力很强、心理适应能力良好、心理适应能力一般、心理适应能力较差和心理适应能力很差五个等级。如果测查结果显示心理适应能力较差，不必忧心忡忡，因为一个人的心理适应能力是随着年龄的增长、知识经验的丰富而不断增强的。

3. 心理健康测量表的应用

心理健康测量表的作用是依照某种标准和规范来检查自己或他人的心理健康状况。由于人的心理健康是一个较复杂的状况，加上现今的有关心理健康的测量表尚在发展中，并未达到"尽善尽美"的程度。因此，评定者在使用测量表时要慎重。过于依赖量表评定，如发现评定结果与自己的实际情况不相符或不能解决自己的难题时，便会走向反面，完全否定计定量表，或者对自己失去信心。同时，应注意到编制量表的社会文化经济背景对量表使用效用的影响。目前我国大多使用的是引进国外编制的量表，因此，在使用时，应充分估计文化差异所致的误差。此外在使用测量表测试时，如果有条件的可在心理教师、医生的指导下进行。

第二节　体育运动与疾病预防

一、体育运动与常见疾病预防

（一）体育运动与近视预防

1. 近视的概念

近视眼就是能视近而不能视远，即眼睛只能看清近处物体而看不清距眼较远的物体。在没有调节的状态下，远处物体发出的平行光线进入眼内后，经过屈光系统的折射，焦点聚合在视网膜前，不能清晰地在视网膜上成像，呈这种屈光状态的眼睛被称为近视眼。

2. 近视的致病原因

眼睛过度疲劳是导致大学生近视的首要因素，连同不良用眼方式和不合理采光环境三者占致病原因的64%，是视力损害非常重要的原因。

遗传因素属先天因素（包括影响胎儿期视觉发育的各种物理、化学因素，以及母体疾患等不良因素），是造成大学生近视的第二位因素。就单项因素而言，因父母遗传因素在子女身上形成近视的概率达99.8%。

不爱参加体育运动、缺少合理营养等因素也是影响视力的原因，决不容忽视。锻炼能增强体质，摄入足够而合理、全面的营养均会提高个体身体综合实力和免疫力，形成良性循环。

3. 运动预防近视的机理

经常性参加体育锻炼，能促使眼内外肌群的弹性、协调性和灵活性得到提高。如进行球类运动时，眼睛会跟着球的运动而转动，相当于在做眼球体操。此外，通过专门的眼肌锻炼方法及眼保健操的练习，可极大地提高眼部神经、血管和肌肉的代谢水平。减轻眼部肌肉的疲劳，防止眼部出血，从而达到预防和矫正近视的目的。

4. 常用预防近视的方法

（1）眼保健操

眼保健操是预防近视最为常见的方法。

（2）眼部肌肉锻炼法

①闭眼放松 5～8 秒，3～5 次。②活动眼肌：挤眼活动眼部肌肉数 10 次；睁眼远眺；一眼睁一眼闭交替进行；转动眼球向左向右注视各 5 秒，反复 10 次；交替远看和近看 30 秒。③肢体运动：扩胸，仰头，睁眼，分腿站立，双臂下垂，掌心向内，低头闭目，随双臂抬起，掌心向下，抬头睁眼，臂抬至头上方向后伸臂，头同时后仰闭目，每日做两次，连续做 10～15 下。

注意事项：

①做眼保健操时，所按穴位力求准确，动作轻柔，全身放松，意念集中，会达到很好的效果；②练习远视时，应选择好方位，避开强光直射眼睛；③剧烈运动后或身患疾病时不宜练习眼保健操，身体康复后方可开始练习；④已患近视眼病者，经科学验光后要选配质量合格的眼镜，除睡眠休息时摘掉外，要养成长期戴眼镜的习惯，以免眼的屈光调节系统长期处于不稳定的调节和疲劳状态。

（二）体育运动与神经衰弱预防

1. 神经衰弱的概念

神经衰弱是一种常见的神经病症，患者常感脑力和体力不足，容易疲劳，工作效率低下，常有头痛等躯体不适感和睡眠障碍，但无实质性病变存在。神经衰弱的主要症状有容易疲劳、容易兴奋、睡眠障碍、情绪障碍、紧张性疼痛和植物神经功能紊乱。

2. 神经衰弱的发病原因

神经衰弱是一种常见病、多发病，它是超负荷的体力或脑力劳动引起大脑皮层兴奋和抑制功能紊乱而产生的神经衰弱综合征。常见表现有：有的患者兴奋性高，睡眠障碍（入睡困难、中间易醒、早醒、睡眠不实、昼夜不眠），头昏，头痛，烦躁，易激动，注意力不集中，记忆力减退，精神疲劳，多汗，四肢发冷或发热，食欲不振，腹胀等。随着社会的进步和生活节奏的加快，过于紧张的工作和学习，成为诱发神经衰弱的主要原因。其次是精神受到某种刺激等。

3. 运动防治神经衰弱的机理

适宜的运动有助于调整和改善大脑的功能状态，使调节神经过程的灵活性加强，即兴奋和抑制两个过程转化速度加快。睡眠时可以很快入睡，醒来时可以很快兴奋；适宜的运动使人心情愉快，感觉轻松，消除疑惑，进而增加恢复健康的信心。适宜的运动还能增强心血管系统、呼吸系统及消化系统的功能，防止和减少神经衰弱症状。

4. 运动防治神经衰弱的方法

（1）按摩

对烦躁、易激动为主要症状者，按摩方法要选用柔和、缓慢的手法，时间在 15 分钟左右。患者俯卧，于背部轻擦、揉 5 分钟；患者仰卧或坐着，用双手拇指指腹来回擦前额和眉弓部约 5 分钟；用拇指指端从印堂穴开始，沿着头正中线向头顶头后按压，反复 3～5 遍，约 5 分钟。另外，头痛者可加按百会穴、太阳穴；偏头痛者按揉阳陵泉、合谷穴；头晕者按揉印堂穴；遗精、阳痿者按揉肾俞穴、足三里穴等。

（2）体育锻炼

对烦躁易激动的患者，宜选用形式单一、平静柔和的运动项目，如散步、太极拳、气功等；对精神不振为主要症状的患者，宜采用形式多样、内容生动的运动项目，如球类运动、游泳等。

注意事项：

①要给患者创造一个良好、宽松的环境，消除诱因，合理安排学习和生活，使患者保持乐观态度，以增强患者战胜疾病的信心；②运动量不能过大。

（三）体育运动与肥胖病预防

1. 肥胖病的概念

肥胖病是一些社会性慢性疾病。机体内热量的摄入量高于消耗，造成体内脂肪堆积过多，导致体重超标、体态臃肿，实际测量体重超过标准体重 20%，并且脂肪百分比超过 30% 者称为肥胖。通俗地讲，肥胖就是体内脂肪堆积过多。

2. 肥胖病的诊断

正常人体重计算方法如下：①成年人标准体重：［身高（厘米）－ 100（厘米）］× 90% ＝标准体重（千克）。当体重超过标准体重的 10% 时，称为超重；超出标准体重的 20%，称为轻度肥胖；超出标准体重的 30% 时，称为中度肥胖；当超过 50% 时，称为重度肥胖。②儿童标准体重：（年龄 × 2）＋ 8 ＝标准体重（千克）。当体重超过标准体重的 10% 时，称为超重；超出标准体重的 20%，称为轻度肥胖；超出标准体重的 30% 时，称为中度肥胖；当超过 50% 时，称为重度肥胖。

3. 肥胖造成的危害

肥胖可以引发多种疾病，如高血压、冠心病、心绞痛、脑血管疾病、糖尿病、高脂血症、高尿酸血症、女性月经不调等，还能增加人们患恶性肿瘤的概率。

现如今肥胖的患者越来越多，由此带来的疾病危害也随之增多，好多种疾病的发生都与肥胖有关：①肥胖的人易发冠心病、高血压、心血管疾病；②肥胖影响劳动力，容易遭受外伤；③肥胖是人们健康长寿的天敌；④肥胖的人易患内分泌及代谢性疾病；⑤肥胖还可以并发睡眠呼吸暂停综合征、静脉血栓。

4. 运动减肥的机理与方案

参加体育运动能促使血液循环加快，心输出量多，使整个心血管系统功能得到改善，对神经系统也有良好的调节作用。对机体来讲，运动时需要大量的热能，使体内积存的多余脂肪得以消耗。运动项目宜选择负荷中等、时间长、以有氧代谢为主的运动项目，如长跑、游泳、爬山、球类活动等。运动时要循序渐进，从小运动量开始，不断增加运动强度和时间，长期坚持，可取得良好的效果。

（1）运动方式

为了有效地减少体重，必须进行持续时间相对较长的活动，从而可以达到最大的能量消耗。在设计这种运动时，应注意以下几个因素：①运动必须循序渐进，即从低水平能耗到高水平能耗；②运动强度必须足以达到引起增加机体热量消耗的要求；③进行有氧运动；④运动方案应该设计成有娱乐性和自我激励的运动。

运动方式主要注重考热能的消耗和有氧的运动形式，常见的主要运动方式包括慢跑、快走、适度耐力性力量练习等。在选择运动方式时，应考虑肥胖人群的体重对下肢关节的影响，因此在运动中可以采用跑、走和力量练习以及自行车等多种方式结合。

（2）运动强度

适宜的运动强度以心率或"梅脱"（METs）值表示。严格地说，适宜的运动心率范围（靶心率）需要通过递增负荷试验确定。由于递增负荷试验的条件和要求，在一般的情况下难以实施，因此通常以一些相对简单的方式推测适宜的运动心率。

（3）运动时注意事项

运动场所应选择在地面平坦宽敞、阳光充足、通气性良好、空气清新的场所。时间方面，春秋季节应选择在7：00—9：00 和16：00—17：00，冬季选择在7：30—9：30 和15：30—16：30，夏季选择6：00—8：00 和17：00—18：00。老年人的锻炼时间，应根据患者病情及自身情况而选择，对于较年轻的老年患者，每周至少需要锻炼2 天，每天20～30 分钟，运动强度可由运动耐量实验来指导，锻炼时心率可为最大心率的60%～80% 。

二、运动损伤的预防、急救与康复教育

（一）运动损伤的预防原则

运动损伤所造成的影响是严重的，对专业运动员来讲，它使运动员不能正常参加训练和比赛，妨碍运动成绩的提高，缩短运动寿命，严重者还可引起残废，甚至死亡。对一般体育爱好者来说，运动损伤将影响其身体健康、正常学习和生活，降低其生活质量。同时，由于与其他机体的损伤相比较，运动损伤的特点为急性多于慢性，急性损伤由于治疗不当、不及时或过早参加训练等可转化为慢性损伤，这样的影响可能是长期的。因此，发生运动损伤时，需要进行及时的救护和损伤后的康复治疗。从预防的角度来说，掌握运动损伤发生规律，做好预防工作，尽可能避免或减少运动损伤发生，比救护和治疗更加重要。运动损伤的预防原则有以下七个方面。

1. 积极开展宣传教育

平时要注意加强防损伤观念的教育，在运动过程（包括训练和比赛）中，认真贯彻"预防为主"的方针。

2. 合理安排运动负荷

运动系统的劳损，大多由于长期局部负荷过大所致。为了减少这些损伤，应严格遵守运动训练原则，根据年龄、性别、健康状况、训练水平和各项运动项目的特点，个别对待，循序渐进，合理安排运动负荷。

3. 认真做好准备活动

要认真做好准备活动，内容和量应根据要进行活动的性质、运动者个别情况及气象条件而定。准备活动结束与正式运动的间隔时间以 1～4 分钟为宜，一般做到身体发热、微微出汗即可，冬天量可大些。

4. 科学参加训练和比赛

运动训练计划的制定应合乎训练原则，要了解每次训练中容易发生损伤的技术动作，事先做好准备或采取相应措施。要注意运动器官的局部负担和伤后的训练安排，防止局部负担过重。比赛中要遵守比赛规则和规程，儿童、少年不宜过多参加比赛。

5. 加强易伤部位的练习

对易伤部位及相对薄弱部位的训练是提高易伤部位对运动适应能力的举措。提高机能是作为预防运动损伤的一种积极手段。

6. 保护与自我保护措施

运动中适当的保护可避免一些意外事故的发生，如保护在竞技体操中尤为重要。体育运动的参加者应学会自我保护的方法，如自高处落地时必须双腿屈膝并拢；当重心不稳快摔倒时，立刻低头，屈肘团身，以肩背着地顺势翻滚，切忌直臂撑地。除此之外，还应学会正确使用各种保护支持带。

7. 加强医务监督工作

严格实施场地、设备卫生监督，场地、器械和防护用品要定期进行卫生安全检查，对已经损坏的场地器械应及时维修，维修前一律禁止使用。禁止穿不合适的服装进行活动。

（二）运动损伤的急救方法

运动损伤多见于年轻人群及体育专业人群，专业人群发生运动损伤的概率最高，只要具备运动损伤的急救条件，一般情况下能进行合理的急救。但非专业人群热爱运动，积极参与各项体育活动，却常常因缺乏一定的运动训练卫生知识和出现运动损伤后的应急措施，给伤者造成不必要的痛苦，严重者甚至导致终身遗憾。这就要求运动损伤发生的现场，能进行迅速而及时的急救处理，救护伤者生命，减轻伤者痛苦，预防并发症，同时为下一步治疗创造良好条件。

1. 休克急救处理方法

休克是一种人体受到强烈有害因素作用而发生的急性有效血液循环功能不全而引起的综合征。其机理在于血液循环中血量不足，全身组织、器官缺氧，功能发生障碍。

（1）原因

运动过程中造成休克的原因是多方面的，主要是损伤引起的剧烈疼痛所致，如脑脊髓损伤、骨折等。其次是出血所致，如损失引起肝脾破裂大出血，使循环血液量急剧降低，出现休克。

（2）症状

病人一般表现为虚弱，表情淡漠，反应迟钝，面色苍白或紫绀，四肢发冷，脉搏细而无力，尿量减少，体温下降和血压下降。休克严重时可昏迷，甚至死亡。休克早期可有烦躁不安、呻吟、表情紧张、脉搏稍快、呼吸表浅而急促等症状，此时血压可正常或略高，此期较短易被忽略。

（3）急救

应使病人安静平卧或者头低脚高卧位（呼吸困难时不宜采用），注意保暖和保持呼吸道通畅。可给服热水及饮料，昏迷患者头应侧偏，并将舌牵出口外，必要时可给氧或进行人工呼吸。可针刺或点揉骨关、足三里、合谷、人中等穴位。如由骨折等外伤的剧痛而引起的休克，应进行必要的急救固定；如有伤处出血，应采取恰当的方法止血；疑有内脏出血，应迅速送医院抢救。疼痛剧烈时应给以镇静止痛药剂。

休克是一种严重而危险的病理状态，因此在急救的同时，都应迅速请医生来处理或尽快送往医院。

2. 出血急救处理方法

血液从破裂的血管流出，叫作出血。对有出血的伤员，尤其是大动脉出血的，都必须在急救的早期立即给以止血。止血的手段方法很多，在没有药物和医疗器械的条件下，现场急救的常用方法有两种。

（1）抬高伤肢法

将肢体抬高，使出血的部位高于心脏，从而使出血部位的血压降低，达到减少出血的目的。此法用于四肢毛细血管及小静脉出血等，即对小血管出血有效，一般常和绷带加压包扎并用，对较大血管出血，只能作为一种辅助性止血方法。

（2）压迫止血法

此方法可分为直接压迫伤口止血和间接指压法（即压迫止血点止血）两种。

1）直接压迫伤口（加压包扎法）

可先在伤口上覆以无菌敷料，再用绷带稍加压力包扎起来，此法适用于小动脉、静脉和毛细血管出血。

2）间接指压法（压迫止血点止血）

用手指指腹压在出血动脉近心端相应的骨面上，暂时止住该动脉管的血流。身体不同部位的动脉管压迫方法介绍如下：①上肢出血。肩部和上臂部出血，将头转向健侧，用拇指腹在锁骨上1/3处、胸锁乳突肌外缘摸到锁骨下动脉搏动后，将其按压在第一肋骨上，可止同侧肩、腋部及上肢出血；前臂和手出血，将上臂稍外展和旋外，在肱二头肌内侧缘中点摸到肱动脉搏动后，用拇指腹将其压在上臂内侧，可止同侧前臂和手部出血；手指出血可压迫指动脉，压迫点在第一指节根部两侧，用拇指两指相对夹压。②下肢出血。大腿和小腿出血，可压迫股动脉，让伤员仰卧，伤肢大腿稍外展和旋外，在腹股沟中点摸到股动脉搏动后，双手重叠用掌根将该动脉压在耻骨上支上，可止同侧下肢出血。③足部出血。足部出血压迫胫前动脉和胫后动脉。用两手的拇指分别按压于内踝与跟骨之间和足背横纹的中点。间接指压法简单易行，但因手指容易疲劳不能持久，只能用作临时止血，随后改用其他的止血方法。

3. 关节脱位急救处理方法

关节脱位即脱臼，是指由于外力的作用使关节面之间失去正常的连接关系。

（1）原因

运动中发生的关节脱位大多是由于间接外力所致。如摔倒时手撑地，则可引起肘关节脱位或肩关节脱位。

（2）表现

①受伤关节剧烈疼痛，并有明显压痛和肿胀。②关节功能丧失，受伤关节完全不能活动。③畸形。关节脱位后，整个肢体常呈现一种特殊的姿态。由于关节正常位置的改变，正常关节隆起处塌陷，而凹陷处则隆起突出，与健侧肢体比较，有的伤肢有变长或缩短的现象。④用 X 线检查可发现脱位的情况及同时有无骨折存在。

（3）急救

1）一般处理

一旦发生脱位，应帮助其坐下或躺下，嘱病人保持安静、不要活动，更不可揉搓关节脱位的部位。对于任何脱臼的病患，一定要检查是否有其他伤处，测量远端脉搏及检查感觉功能，并禁止进食，因为可能需要全身麻醉治疗。若摸不到脉搏，则表示肢体已无足够的血流供应，必须立即送医就诊。

如果距离医院较远，或不具备 6 小时内送达医院的条件，必须进行必要的急救处理，以防止神经血管压迫时间过长造成不可逆损伤。此时应立即用夹板和绷带在脱位所形成的姿势下固定伤肢，还可使用冰敷减少病患疼痛及肿胀。之后保持伤员安静，尽快送往医院处理。固定脱位部位是减轻疼痛的最佳方法，可用杂志、厚报纸或纸板托住脱位关节，减少疼痛，进行自救。

2）常见关节脱位时的固定方法

肩关节脱位可取三角巾两条，分别将顶角向底边对折，再对折一次成为宽带。把患者肘部弯成直角，再用一条三角巾把前臂和肘部托起，挂在颈上，于健肩上缚结；另一条绕过伤肢上臂，于健侧腋下缚结。

肘关节脱位则用铁丝夹板弯成合适的角度，置于肘后，用绷带缠住，再用悬臂带挂起前臂。若无铁丝夹板，则用普通夹板代替。

脱臼部位在髋部，则应立即让病人躺在软卧上送往医院。

4. 骨折急救处理方法

骨的完整性遭到破坏的损伤，叫作骨折。骨折可分为闭合性骨折与开放性骨折两种。前者皮肤完整，骨折端不与外界相通，治疗较易；后者骨折端穿破皮肤，直接与外界相通，容易发生感染，治疗较难。运动中发生的骨折多为闭合性骨折，它是严重的损伤之一。

（1）原因

由暴力因素、强烈的肌肉收缩、长期疲劳等原因造成。如足球运动中，运动员的胫骨受到对方足踢而发生胫骨骨折。再如跑步中的骨折，通常是由于日积月累的累积效应所导致的疲劳性骨折。

（2）征象

①碎骨声。骨折时伤员偶可听到碎骨声。②疼痛。③肿胀及皮下瘀血。④功能丧失。

⑤畸形。⑥压痛和震痛。骨折处有明显压痛，有时在远离骨折处轻轻震动或捶击，骨折处也出现疼痛。

（3）急救

1）一般处理

①如有休克，应先抗休克，后处理骨折；如有伤口出血，应先止血，包扎伤口，再固定骨折；②如果失血情况严重，马上用消毒绷带或干净布压住受伤部位止血，随意搬运、乱动均会刺破局部血管导致出血，或使已经止血的骨折断端再出血；③骨折患者有部分需要手术，因此就不要让他吃任何东西，也不要喝水；④使用冰块冷敷，可以缓解骨折处的疼痛和肿胀；⑤对开放性骨折，不可用手回纳，以免引起骨髓炎，应用消毒纱布对伤口做初步包扎、止血后，再用平木板固定送医院处理。

2）骨折时的临时固定

骨折时，用夹板、绷带把折断的部位固定、包扎起来，使伤部不再活动，称为临时固定。这是骨折的急救方法，其目的是为了减轻疼痛、避免再操作和便于转送。

其要求如下：①固定前不要无故移动伤肢。为了暴露伤口，可剪开衣服，不要脱，以免因不必要的移动而增加伤员的痉挛和伤情。对于大腿、小腿和脊柱骨折，应就地固定。②固定时不要试图整复，如果畸形很厉害，可顺伤肢长轴方向稍加牵引。③夹板的长度和宽度要与骨折的肢体相称，其长度必须超过骨折部的上、下两个关节。如果没有夹板，可就地取材（如树枝、木棍、球棒等）或把伤肢固定在伤员的躯干或健肢上。夹板与皮肤之间应垫上软物，如棉垫、纱布等。④固定的松紧要合适、牢靠。过松则失去固定的作用，过紧会压迫神经和血管。四肢骨折固定时，应露出指（趾）尖，以便观察血液循环情况。如发现指（趾）尖苍白、发凉、麻木、疼痛、浮肿和呈青紫色征象时，应松开夹板，重新固定。⑤露出伤口的骨片，不要放回伤口内，以免把感染带入深部，也不可任意去除。⑥固定后伤肢要注意保暖。⑦昏迷者应俯卧，头转向一侧，以免呕吐时将呕吐物吸入肺内。

5. 心跳和呼吸骤停的急救处理方法

当人体受到意外严重损伤（如溺水、触电、休克等），有时出现呼吸和心跳骤然停止，这时如果不及时进行抢救，伤员就会很快死亡。人工呼吸与胸外心脏按压是进行现场抢救的重要手段，它可以帮助伤员重新恢复呼吸和血液循环。

（1）人工呼吸

人工呼吸是指借用人工方法来维持机体的气体交换，以改善缺氧状态，并排出二氧化碳，为自主呼吸的恢复创造条件。

人工呼吸的方法很多，其中以口对口呼吸法效果较好，此法简便，而且还可同时进行胸外心脏按压。施行时，使伤员仰卧，松开领口、裤带和胸腹部衣服，清除口腔内异物。急救者一手置于病人前额，使其头部尽量后仰，拇指和食指捏住伤员鼻孔，以免气体外溢。把口打开并盖上一块纱布，另一手托起他的下颌，保持气道通畅。然后深吸一口气，张嘴去套住病人的嘴并对准他的口部吹入。吹完后松开捏鼻孔的手，让气体从伤员的肺部排出。如此反复进行，每分钟吹16～18次（儿童20～24次）。若心跳也停止，则人工呼吸应与胸外心脏按压同时进行，两人操作时，吹气与挤压频率之比为1：5，单人操作时为

2：15。

（2）胸外心脏按压

此法是指通过按压胸骨下端而间接作用于心脏左右心室腔，使血液流入动脉，为身体提供有效大小循环，为心跳恢复创造条件。对心跳骤然停止的伤员必须尽快地开始抢救，一般只要伤员突然昏迷，颈动脉或股动脉摸不到搏动，即可诊断为心跳骤停。操作时，伤员仰卧，急救者以一手掌根部按住伤员胸骨下半段（胸骨的中、下三分之一交界处），另一手交叉重叠压在该手的手背上，肘关节伸直，借助体重和肩臂部肌肉的力量适度用力，有节奏地带有冲击性的垂直向下压迫胸骨下段，使胸骨下段及其相连的肋软骨下陷3～4厘米，对儿童和老年人相应要轻些。每次按压后随即很快将手放松，让胸骨恢复原位。成人每分钟挤压60～80次（儿童80～100次）。按压胸骨可间接压迫心脏，使心脏内血液排空。放松时，胸廓由于弹性而恢复原状，此时胸内压下降，静脉血回流至心脏。

操作中，如能摸到颈动脉或股动脉搏动，口唇、甲床颜色较前红润，或者呼吸逐渐恢复，瞳孔缩小，则为按压有效的表现，应坚持操作至自主心跳出现为止。

6. 溺水急救处理方法

人淹没于水中，由于呼吸道被水、污泥、杂草等杂质堵塞或喉头、气管发生反射性痉挛，引起窒息和缺氧，叫作溺水。溺水的进程很快，若抢救不及时，一般4～6分钟即可呼吸心跳停止死亡。因此，溺水急救必须分秒必争。

（1）表现

轻者：面色苍白，口唇青紫，恐惧，神志清楚，呼吸心跳存在；重者：面部青紫，肿胀，口鼻充满泡沫或污泥、藻草等，皮肤黏膜苍白和发甜，四肢冰冷，腹部隆起，昏迷，抽搐，呼吸心跳先后停止。

（2）急救

溺水者被救上岸后的急救措施如下：①保持呼吸道通畅，迅速清除溺水者口、鼻中的泥沙、水草等杂物，以保持呼吸道通畅，排出呼吸道及腹腔内污液和水。有活动假牙也应卸下取出，以免坠入气管。②应立即进行控水，迅速将溺水者置于抢救者屈膝的大腿上，头部向下，随即按压腹、背部迫使呼吸道和胃内的水倒出。一般肺内水分已被吸收，残留不多，因此倒水时间不宜过长，要分秒必争，以免耽误复苏时间。③对呼吸、心跳停止的溺水者立即进行心肺复苏。尽快进行口对口的人工呼吸和胸外心脏按压。

7. 软组织损伤处理方法

运动系统主要由骨骼、肌肉、韧带组织构成，通常肌肉的末端为很厚的带状结构即肌腱，肌腱附着在骨头上。关节是骨头与骨头连接在一起的地方，韧带是为关节提供支持的强壮组织。韧带损伤轻者使关节不稳定或活动度增加，重者导致关节内骨头不能维持正常位置造成脱位。

摔倒、运动中受伤，以及通常的扭曲、翻转都可能造成运动系统不同组织的损伤，通常把运动系统骨头以外的肌肉韧带等统称为软组织。

（1）表现

软组织损伤后局部有疼痛、肿胀、组织内出血、压痛和运动功能障碍。疼痛程度因人而异，与损伤的部位及伤情轻重有关。伤后出血程度及深浅部位不同，如皮内和皮下出血（瘀斑）或皮下组织的局限性血肿等。

（2）处理原则和方法

1）轻度损伤后24小时内，应局部冷敷、加压包扎、抬高伤肢并休息，以促使局部血液循环加快，组织间隙的渗出液尽快吸收，从而减轻疼痛。不能使用局部揉搓等重手法，可外敷消肿药物。疼痛较重者，可内服止痛剂。

2）伤48小时后，肿胀已基本消退，可进行温热疗法，包括各种理疗和按摩以促进肿胀吸收。

（3）常见软组织损伤

1）擦伤

即机体表面与粗糙的物体相互摩擦而引起的皮肤表皮损害。如擦伤部位较浅，只需涂红药水即可，面部擦伤宜涂抹0.1%新洁尔灭溶液；如擦伤创面较脏或有渗血时，应用生理盐水清除创口异物后再涂上红药水或紫药水（即1%～2%红汞或1%～2%龙胆紫）；如创面较大，伤口深，易受感染，应在消毒后外覆敷料（如无菌纱布），预防感染。

2）肌肉拉伤

即肌肉主动强烈收缩或被动过度拉长所造成的肌肉微细损伤、肌肉部分撕裂或完全断裂。主要症状有局部疼痛、压痛、肿胀、肌肉紧张、触之发硬、痉挛和功能障碍等。当受伤肌肉主动收缩或被动拉长时疼痛明显加重。肌肉拉伤的部位可发生在肌腹或肌腹与肌腱交界处或肌腱的起止部。常见的拉伤部位是大腿后群肌、腰背肌、小腿三头肌、大腿内收肌群等。肌肉拉伤的处理方法如下：

①受伤时一般可根据疼痛程度推断受伤的轻重，一旦出现痛感应立即停止运动，并在痛点敷上冰块或冷毛巾，保持30分钟，以减小血管收缩，减少局部充血、水肿，切忌搓揉及热敷。

②判断程度不同，区别处理。肌肉微细损伤或少量肌纤维断裂时，立即冷敷、加压包扎并抬高伤肢，注意局部休息。疼痛较重者可口服镇静、止痛剂，24小时后可外敷中药、痛点药物注射、理疗或推拿等。如损伤严重，肌纤维大部分断裂或肌肉完全断裂时，经加压包扎等急救处理后，立即将伤员送至医院，及早做手术缝合。

③注意区别肌肉轻度拉伤与锻炼后产生的肌肉酸痛。肌肉拉伤者多有外伤史，疼痛在受伤后即刻或不久后出现，疼痛的范围较小，最痛点只局限于拉伤处，呈锐痛，继续活动时疼痛加重，休息1～2天后症状不消失。锻炼后产生肌肉酸痛者无外伤史，疼痛的范围较广，呈酸胀性钝痛，无局限性的最大痛点，经1～2天休息后酸痛明显减轻或消失。

为预防肌肉拉伤，在剧烈运动前，要充分做好准备活动；平时要结合运动项目的特点，加强易伤肌肉的力量和柔韧性训练；锻炼中要注意观察肌肉反应，如肌肉硬度、韧性和疲劳程度等，若出现肌肉僵硬或疲劳时，可进行按摩并减少运动强度；改正技术动作的缺点，正确掌握跑、跳和投掷等的技术要领；注意锻炼环境的温度、湿度和运动场地情况；治愈后再参加锻炼时，要注意循序渐进，以防再伤。

3）扭伤

扭伤是由于关节部位突然过猛扭转，拧扭了附在关节外面的韧带及肌腱，导致其发生轻微撕裂所致，多发生在踝关节、膝关节、腕关节及腰部。日常生活中踝关节扭伤与腰扭伤最为常见。

不同部位的扭伤，其治疗方法也不同。下面介绍几种常见的扭伤。

①急性腰扭伤：损伤后腰部疼痛明显，压痛，活动障碍。可让患者仰卧在垫得较厚的木床上，腰下垫一个枕头，先冷敷，后热敷。治疗以卧床休息为主。局部软组织或韧带轻微损伤者损伤较轻。损伤较轻者要减少活动或者停止活动，适当做些按摩、拔罐、远红外照射、贴膏药等治疗，一般5～7天可愈。腰部软组织或韧带撕裂、小关节明显错位或者腰椎间盘突出等则为严重损伤。严重损伤者需要绝对卧床休息，在执业临床医师指导下系统治疗。②其他关节扭伤：踝关节、膝关节、腕关节扭伤时，将扭伤部位垫高，先冷敷，2～3天后再热敷。③关节韧带损伤：主要是由间接外力作用引起的一种闭合性损伤。在体育活动中最常见的是踝关节、膝关节、掌指（间）关节和肘关节韧带损伤。

伤后会出现局部疼痛、肿胀，若伤及关节滑膜或韧带断裂及合并关节内其他组织损伤时，会出现整个关节肿胀或血肿，局部有明显压痛。出现关节运动功能障碍，轻者关节活动受限，不能着力；韧带完全断裂或撕脱时，关节有不稳或松动感，则是关节功能明显障碍。

关节侧搬试验是检查韧带损伤的重要方法。若出现疼痛，则属韧带扭伤或少量纤维断裂；如果出现"关节松动"或超常范围的活动，则属韧带完全断裂。

关节韧带扭伤或部分韧带纤维断裂者，伤后立即冷敷，加压包扎，抬高伤肢并休息，以减轻出血和肿胀。24～48小时后，拆除包扎固定，根据伤情可采用中药外敷、痛点药物注射、理疗和按摩等，但热疗和按摩在开始时只能施于伤部周围，3天后才可用于局部。韧带完全断裂者，经急救处理后把伤员送至医院，以争取早期手术缝合或固定。关节韧带损伤时，当关节肿胀和疼痛减轻后，在不引起疼痛或疼痛加重的原则下，尽早进行伤肢功能性活动，防止发生肌肉萎缩和组织粘连，以促进功能恢复。

大学生平时就要做好防止损伤的预防工作，要注意加强关节周围肌肉力量和韧带柔韧性练习，提高关节稳定性和活动度；运动前要做好充分的准备活动；要正确掌握跑、跳和投掷等的动作技术；运动中要注意加强保护和自我保护；做好运动场地设备的维修与保管，消除引起外伤的各种因素。

8. 脑震荡临场处理方法

脑震荡是指头部遭受暴力作用后所引起意识和机能的一时性障碍，是急性颅脑损伤中较轻的一种闭合性损伤。

（1）征象

损伤后出现短暂意识障碍。一般意识障碍都较轻，有一时性意识丧失（昏迷）或神思恍惚。意识障碍的时间长短不一，短则几秒钟，长则几分钟，乃至30分钟不等。意识清醒后患者不能回忆受伤经过和情况，但能清楚地回忆受伤以前的事情，这种情况被称为"逆行性健忘"。常伴随有头痛、头晕，在伤后数日内较明显，若情绪紧张、活动头部或变换体位时，症状加重，以后逐渐减轻至消失。

（2）处理

1）首先应进行急救

立即令伤员平卧，安静休息，注意身体保暖，不可随意搬动或让伤员坐起或站起。头部可用冷水毛巾作冷敷。若伤员昏迷，可用手指掐点人中、内关等穴或给嗅闻氨水，以促使伤员苏醒。

2）伤后应监护 24 小时

如发现伤者出现昏迷时间超过 5 分钟；同时耳、口、鼻出血或有淡黄色液体流出；两瞳孔大小不等或变形；眼球出现青紫；清醒后头痛剧烈、呕吐频繁或呈喷射状呕吐、颈项强直；且出现两次昏迷现象通常提示合并存在严重的颅脑损伤，应立即送医院处理。

（三）运动损伤的康复

1. 伤后康复的意义

运动损伤的康复对伤员来说具有重要的意义。它以损伤的痊愈和功能的恢复为最终目的，通过各种手段和方法加快损伤组织或机体功能的恢复与提高。它的意义包括：

①改善损伤部位的血液循环，促进损伤的修复，使组织形态尽快恢复；②通过一定的方法，促进损伤部位功能的恢复，甚至较损伤前得到提高；③对于不能短期内恢复功能的损伤，可维持神经和肌肉的紧张度，防止因长期活动不足造成其他机能减退，如骨质疏松、肌肉萎缩等；④对于专业运动者来讲，能维持其良好的运动状态和心理状态；⑤不能恢复至原有机能状态的运动损伤，通过康复可以尽可能改善伤部功能，最大限度防止损伤影响伤员的基本生活或生存，这一点对于发生了不可逆转和严重损伤的伤员来讲有重大意义。

2. 康复的手段和方法

康复措施或方法的外延相当广阔。康复实施的过程主要包括康复的评定和治疗技术的实践操作。

（1）康复评定

由于康复医学的对象是患者及其功能障碍，目的是最大限度地恢复、重建或代偿其功能，客观、准确地评定功能障碍的原因、性质、部位、范围、严重程度、发展趋势、预后和转归，为康复治疗计划打下牢固的科学基础。

（2）康复治疗技术常用的方法

物理治疗、作业治疗、言语治疗、心理辅导与治疗、文体治疗、中国传统治疗、康复工程、康复护理、社会服务。

（3）运动损伤中的康复治疗

体育康复学是一门将康复医学运用于体育的学科。研究内容为与康复有关的体育教育和运动训练的手段、措施、效果、组织、方法、指导和监督等一系列问题，用于指导体育运动与实践。康复训练在运动损伤治疗的后期上升到主导地位，即开展治疗性的、有益的合理训练活动，促进肌肉、关节、韧带的功能恢复和强健，同时提高整个机体的健康水平。

1）体育康复训练的原则：运动损伤治疗的康复训练，既有其治疗的原则，又有训练的原则，既要遵守运动训练的一般原则（全面、渐进、个体、反复等），又要遵守康复训练的特殊原则。

首先，根据患处的伤势决定局部活动的负荷大小，逐步加大全面活动的原则。其次，控制患处功能活动的质和量，以局部活动后患处不出现局部疼痛和练习后 24 小时不出现肿胀为度的原则。再次，每次康复训练后做好放松练习及热敷或轻度按摩原则，防止康复训练中盲目、过早地进入大强度的负荷活动。

2）体育康复训练的手段和方法：康复训练具有明显的科学性和实践性，必须在教师或者医务人员的指导下科学地进行。同时，康复训练必须有患者的主观能动性，积极主动认真地做好每一项活动。体育康复具体的方法按照其性质和特点分为以下三种：

①传统的体育康复，包括气功、太极、武术、瑜伽等；一般的体育康复，包括娱乐性体育活动，如球类运动、钓鱼、走跑、康复体操等。

②特殊的体育康复，如器械练习；大自然的体育康复，如日光浴、游泳、森林浴等。

③其他治疗技术：第一，物理治疗：包括电疗法、光疗法、超声波疗法、磁疗法、石蜡疗法等，都是通过各种物理因子刺激达到改善身体机能的目的；第二，作业治疗：通过选择性活动，有目的地利用时间、精力进行日常生活活动、工作等，最终在此过程中达到康复目的，如通过感觉功能练习恢复肢体对正常运动的神经接收与处理活动；第三，心理治疗：损伤还有可能对伤员心理造成不良影响，为了预防不良心理状态对意识和肢体康复的影响，有必要进行损伤后的心理康复治疗。

三、体育运动与大学生青春期卫生

（一）大学生青春期的生理特征

1. 体形特点

低年级大学生已经经历了人生最后一个生长发育的高峰期，身高、体重、胸围、肩宽、头围、骨盆等外部形态已逐渐转入缓慢发展阶段。骨骼已基本骨化并坚固。在此年龄阶段，由于性激素的作用，肌纤维变粗，向横径发展。肌肉中的水分逐渐减少，蛋白质、脂肪、糖和无机物含量逐渐增多。肌肉的横断面、肌肉重量和肌肉力量都明显增加，接近成人水平。男女学生在外部形态上出现了明显的差异，男生变得喉结突出，声带加宽，发音低沉，肩部增宽，胸部呈现前后扁平，须毛丛生，显得壮实。女生乳房突出，声带变长，嗓音尖细，臀部增大，肢体柔和而丰满。这些第二性征的出现，表明生理发育已逐渐成熟，能承受较大的负荷，为担负繁重的脑力和体力劳动、适应各种困难的环境变化，为心理素质的健康发展，奠定了物质基础。

2. 身体机能特点

大学生的心脏，在形态结构和功能作用上均已达到成人水平。心脏重量约为 300～400 克，心脏容积达到 240～250 毫升，心跳频率每分钟 65～75 次，血液量占体重的 7%～8%，每搏输出血液量约为 60 毫升。对绝大多数男女生来说，心脏系统是可以承受各项激烈的体育锻炼活动的。个别人出现高血压现象，那是由于青年期之前，心脏发育速度加快，血管发育处于相对落后的状态，加之内分泌的影响，有的收缩压接近 20 千帕，而且有起伏状况，舒张压则保持在正常范围，这种现象称为青春期高血压。出现青春期高血压的人，如果过去一向有体育锻炼的习惯，且运动后无不良反应，依然可以正常从事体育锻炼和体力劳动。只要适当注意运动量和医务监督即可。随着年龄的增长和身体内环境的协调平衡，这种现象会自然消失。大学生的呼吸系统已接近和达到成人水平。青年初期心肺的结构和机能迅速生长发育，呼吸频率逐渐减慢，呼吸深度相应增加。有资料表明，青年中期呼吸频率每分钟约 16 次，男女大学生平均肺活量分别是（4 124 ± 552）毫升和（2 871 ± 390）毫升，心脏和肺是人体血液循环和气体交换的动力器官。从生理学角度看，大学生这些器官达到健全程度，可以进行旺盛的新陈代谢，以保证繁重的脑力劳动和剧烈的体育运动中能量的消耗与补充。

3. 神经系统特点

神经系统是人体发育最早、最快、成熟最早的系统。大学生正处在脑细胞建立联系的上升期，经过教学训练，特别是专业学习，皮层细胞活动和量迅速增加，神经元联系扩大，脑回深化，第二信号系统最高调节能力大大增强，第一和第二信号系统的联系完善起来，为思维发展创造了良好的物质条件。所以，大学时期是智力水平增高、记忆功能增强、抽象思维获得重大发展、分析综合能力明显提高的时期。

（二）大学生青春期心理特征

1. 智能发展达到高峰

（1）观察力显著提高

一个人的观察力与他的知识经验有一定关系。一个学生处在大学阶段时，已经有一定的知识积累，情绪、情感较以前成熟稳定，因此他们的观察力较以前显著提高。

（2）记忆力处于最佳时期

在人的一生中，大学生处在记忆最佳的时期，有这样一组科学的数据：18～29 岁之间，记忆能力是 100%；10～17 岁之间，记忆能力是 95%；35～49 岁之间，记忆能力是 92%；50～69 岁之间，记忆能力是 82%；70～89 岁之间，记忆能力是 55%。由此可以看到，在大学生的年龄段记忆能力是最强的。

（3）抽象思维、逻辑思维逐渐占主导

一个学生到了大学的阶段，因为有了一定的知识积累，所以他的抽象思维和逻辑思维逐渐占主导，具体表现在：较中学阶段，有了一定知识积累的大学生更善于遵循逻辑的规律，思维过程符合客观事物的逻辑顺序，思维的首尾一贯，有条理，更清楚；善于从广泛的范围内观察问题，全面地思考问题，能够抓住问题的基本轮廓，不会忽视重要细节和主要因素；善于通过现象深入到事物本质抓住事物核心；善于根据思维发展变化的情况，审时度势，采取恰当的处理；善于独立地认识问题和解决问题。因此大学生的抽象思维、逻辑思维较以前逐渐占主导。

2. 情感情绪日益丰富

情感和情绪是客观事物是否符合人的需要与愿望而产生的体验，是由客观现实引起的主观体验，以需要为中介。情绪分为三种类型，其一是心境，是一种微弱、弥散而持久的情绪状态；其二是激情，是一种短暂的、强烈的、爆发的状态；其三是应激，是意料之外的情况所引起的高度紧张，特点是偶发性、紧张性。情感具有社会性，是人的高级情绪，反映出个体的社会关系，分为道德感、理智感、美感、宗教感。步入大学以后，一方面，学生的生理特征有了变化，身体素质好，喜欢运动，有活力，因此对生活有激情；另一方面，大学生的社会性逐渐增强，大学生最富有激情、热情、感情，因而客观事物作用于个体会产生强烈的主观体验，因此情感情绪日益丰富。思想教育应当运用情感沟通规律，打开被教育者心灵的大门，减少逆反心理。

3. 自我适应增强

个体的自我适应，也可以说是个体的社会化。个体形成适应社会的人格并掌握社会认可的行为方式的过程叫作社会化，又称社会性发展。行为主义学派重视环境对人格发展的影响。班杜拉认为，个体的任何人格特质，都是在社会环境中通过耳濡目染向他人学习获得的，学习的主要途径是观察和模仿。一个学生升入大学以后，周围的环境变了，大学校园的社会化程度远远高于中学阶段，因此，大学生个体适应性随着环境的变化而不得不增强了。本质上讲自我适应增强既是主观要求，也是客观环境压力造成的结果。

4. 批判性思维增强

当今世界是一个开放的世界，信息技术的发展使信息流动加速，使信息能够得到最大限度的共享，现代市场经济的最大标志便是经济的全球化发展。在这种形势下，当代大学生是一个活跃的群体，接受能力强，理解能力强，对信息的接收快，较少盲从，大多数学生有了自己对问题的见解，因而能够对社会上的事情做出较理性、辩证地分析，批判性思维增强。

5. 思维活跃，主体意识增强

当代大学生处在信息技术高度发达的现代社会，他们自身素质比较全面，思维活跃、敏捷，容易接受新事物，但相对缺乏辨别真伪的能力；当代大学生生长在改革开放的这几十年里，生活条件优越，对周围环境的变化、学业的好坏、他人的评价、与他人的关系、社会要求与自身情况的差距较敏感。对家长和老师的教育不太接受，而且有时言行偏激。当代大学生正在逐步建立起自己的新的思维视角——主体意识。主体意识强调人是历史的主体，强调自我的主动性、积极性、实践性和建设性，是发挥人的潜能的内在基础。他们不再轻信，注重自我挑战、亲身经历，不服输，关注社会的发展和进步，但是目的是为了有所作为，在社会的发展中实现自我。他们对灌输越来越缺乏热情，对社会实践和社团活动却有极大的兴趣。

（三）青春期饮食营养

大学生由于其年龄阶段特殊性和紧张学习生活，脑力和体力消耗都较大，可根据以下基本原则确定自己的饮食。

1. 加强早餐

早餐的热量要占全天的30%，质量上也应达到全天营养标准的1/3，它直接关系到学生能否有充沛的精力投入学习，因此，学校最好能推行营养配餐制度。

2. 注重营养搭配、互补和平衡

营养素种类要齐全，数量要充足，比例要适当，提倡粮豆搭配和动植物食品混食，这样可使营养素之间取长补短，相互补充，提高营养素的利用率。具体到一日食谱的确定，一般选择两种以上的动物性原料、一至两种豆制品及多种蔬菜、两种以上粮谷类食物原料。

3. 特殊要求

大学生作为脑力劳动者还有五个特殊要求值得关注：①控制能量的供给量。②多选富含不饱和脂肪酸、具有健脑功能的食物，如坚果类（松子、葵花籽、芝麻、花生仁、胡桃等）、种子类（南瓜子、西瓜子、杏仁等）、鱼类、虾类及牡蛎等水产品。③提高优质蛋白质的供给量，可多选择鸭、兔、鱼、牛肉、大豆及其制品。④提供以单糖类为主的碳水化合物，多选择玉米、小米、干枣、桂圆、蜂蜜等。⑤注意补充 B 族维生素，多选择香菇、鲜鱼、核桃、芝麻等。

健康饮食是指将患所有疾病的危险和患病的条件降至最低的饮食。在营养学家当中有一个信条，即良好的健康所需的必要条件之一是良好的饮食。专家断定，未来想要健康，药物不是最理想的出路，饮食对我们的命运起决定的作用。因此，每个人特别是对于当今大学生来说，完全可以设计出自己一日三餐的营养摄取。

参考文献

[1] 吉丽娜，李磊．体育教学与训练理论实践探究［M］．北京：地质出版社，2017.

[2] 王伟思．体育教学与科学训练［M］．长春：吉林大学出版社，2017.

[3] 曾理，王樑，郭昱漾．体育课程教学与训练［M］．长春：吉林大学出版社，2017.

[4] 马玲．体育教学探索与训练研究［M］．长春：东北师范大学出版社，2017.

[5] 姜汉瑾，武斌．体育训练与健康教育［M］．长春：吉林文史出版社，2017.

[6] 董波．体育管理研究［M］．西安：西安交通大学出版社，2017.

[7] 罗玲，温宇，蓝芬．体育教育教学改革研究［M］．北京：民族出版社，2017.

[8] 朱岩，刘涛，赵玉珩．大学体育教程［M］．上海：上海交通大学出版社，2017.

[9] 单继伟，上官福忠．大学体育与健康［M］．西安：西安电子科技大学出版社，2018.

[10] 廖明英．大学生营养与心理健康［M］．武汉：华中科技大学出版社，2018.

[11] 杜国如．学校体育与健康融合发展研究［M］．南昌：江西科学技术出版社，2018.

[12] 马驰．当代大学生体育与健康教育研究［M］．北京：知识产权出版社，2018.

[13] 王松，古彬．大学生体育与健康［M］．武汉：华中科技大学出版社，2018.

[14] 易礼舟，戴彬．大学生体育与健康［M］．重庆：重庆大学出版社，2018.

[15] 刘金亮，胡新贞．体育与健康教育研究［M］．西安：世界图书出版西安有限公司，2018.

[16] 马驰，吴雅彬，徐小峰．体育与健康［M］．上海：上海交通大学出版社，2018.

[17] 杜志锋．体育与健康［M］．北京：北京理工大学出版社，2019.

[18] 尹先平．阳光体育 健康体魄 大学生体育运动教程［M］．上海：上海交通大学出版社，2019.

[19] 李春光．大学体育［M］．天津：天津科学技术出版社，2019.

[20] 李志伟．现代高校体育与健康教程［M］．天津：天津大学出版社，2019.

[21] 孔宁宁．高校竞技健美操体能训练与健康教育［M］．延吉：延边大学出版社，2019.

[22] 谢丽娜．高校体育风险管理研究［M］．长春：吉林人民出版社，2020.

[23] 李振佳，齐爽．大学生体育与健康［M］．北京：中国人民大学出版社，2020.

[24] 瞿昶．体育教育与健康研究［M］．沈阳：沈阳出版社，2020.

[25] 魏华，任政．体育与健康［M］．北京：航空工业出版社，2020.

[26] 龙军．大学生体育运动与健康［M］．成都：电子科技大学出版社，2020.

［27］康丹丹，施悦，马烨军．高校体育文化建设与大学生体育健康［M］．长春：吉林人民出版社，2020.

［28］王磊．高职体育健康教程［M］．成都：电子科技大学出版社，2020.

［29］魏黠．体教融合背景下高校实践体育教育公平的路径探析［J］．文体用品与科技，2021，（15）：150 - 151.

［30］蒋云龙，高力翔．"体教融合"视域下高校体育教育领域的发展策略研究［J］．南京体育学院学报，2021，20（9）：62 - 65.

［31］彭国强，高庆勇．体教融合视阈下我国体育教育专业发展研究［J］．体育文化导刊，2021，（2）：96 - 102.

［32］王红云，李亚光，刘文波．"体教融合"背景下高校体育教育专业人才培养改革研究［J］．体育画报，2021，（3）：27，29.

［33］尹亚楠．体教融合理念下高职院校体育教育改革路径探究［J］．体育画报，2021，（3）：183.

［34］安静雅．体教融合要义下学校体育教育改革发展探析［J］．青春岁月，2021，（14）：231.